Überreicht durch
Bayer Austria, Pharma
Wien

KÄRNTEN
UND SEINE LANDESHAUPTSTADT
KLAGENFURT

KÄRNTEN
und seine Landeshauptstadt
KLAGENFURT

CARINTHIA

FOTONACHWEIS:
H. G. Trenkwalder:
Seiten 5, 13, 15, 16, 17, 18, 19, 20, 21, 22, 23, 24, 25, 26, 27, 28, 29, 30, 31, 34, 35, 36, 38, 39, 40, 41, 42, 43, 44, 45, 50, 51, 52, 53, 56, 57, 58, 59, 60, 63, 64, 65, 66, 67, 70, 72, 73, 74, 75, 76, 77, 78, 79, 80, 81, 82, 83, 84, 85, 86, 87, 88, 89, 90, 91, 92, 93, 94, 95, 96, 97, 98, 100, 101, 103, 104, 105, 106, 107, 108, 109, 110
H. und B. Luschin:
Seiten 37, 46, 47, 48, 49, 54, 55
Dr. Ingeborg Zengerer:
Seiten 32, 33, 68, 69, 71, 99, 102

Freigabe der Luftaufnahmen vom BMfLV mit Zl. 13080/297–1.6/77, Zl. 13080/377–1.6/77, Zl. 13080/586–1.6/77, Zl. 13080/686–1.6/78, Zl. 13080/983–1.6/78

Texte:
Anton Kreuzer und Dr. Ingeborg Zengerer

ISBN 3-85378-379-1
© 1991 Universitätsverlag Carinthia Klagenfurt
Alle Rechte vorbehalten

Einbandentwurf nach Aufnahmen von H. G. Trenkwalder: Dr. Ingeborg Zengerer

Gesamtherstellung: Graphischer Betrieb Carinthia, Klagenfurt

Einführung

Dieser prachtvolle Bildband wurde für alle jene zusammengestellt, die Kärnten und seine Landeshauptstadt ins Herz geschlossen haben, ob sie nun hier leben oder hierher auf Urlaub kommen.

Sein Inhalt ist von reicher Vielfalt wie das Land selbst. Der erste Teil zeigt dem Betrachter Kärnten im Wechsel der Jahreszeiten. Dieses Kleinod im Süden Österreichs, diese Landschaft voll Abwechslung, diese abgeschlossene kleine Welt, reich an Blüten und Gewächsen, mit lieblichen Tälern, majestätischen Berggipfeln und silberglänzenden Wasseraugen, ist ein Landstrich, wo der deutsche Kulturkreis mit dem romanischen und slawischen in Berührung kommt, ein alter Lebensraum, von dem einmalige Kulturdenkmäler Zeugnis ablegen.

Der zweite Teil ist der Landeshauptstadt Klagenfurt gewidmet, die sich von der einst unbedeutenden Siedlung an der Glanfurt zum Mittelpunkt des Landes entwickelte. Robert Musil sagte von ihr: „Eine Stadt... schön und alt, mit ihrem bauherrlichen Gepräge, das im Lauf der Zeiten aus wechselndem Geschmack hervorgegangen ist, bedeutet ein einziges großes Zeugnis der Fähigkeit zu lieben und der Unfähigkeit, es dauernd zu tun. Die stolze Folge ihrer Bauten stellt nicht nur eine große Geschichte dar, sondern auch einen dauernden Wechsel in der Richtung der Gesinnung. Sie ist, auf diese Weise betrachtet, eine zur Steinkette gewordene Wankelmütigkeit, die sich alle Vierteljahrhunderte auf eine andere Weise vermessen hat, für ewige Zeiten recht zu behalten."

Möge dieser Bildband einen Eindruck von Kärnten und seiner Landeshauptstadt vermitteln, möge er wohlwollende Aufnahme finden, möge er Kärnten neue Freunde gewinnen und alte Freundschaften festigen; heißt doch das Wort Kärnten in der Übersetzung aus dem Keltischen bzw. Spätillyrischen nichts anderes als „Ort der Freunde".

Introduction

This magnificent illustrated volume was compiled for all those who have become attached to Carinthia and its capital, whether they live here or come here on vacation.

Its content is of rich variety like the province itself. The first part gives an idea of Carinthia in the course of the year. This jewel in the south of Austria, this countryside full of diversity, this little isolated universe, rich in flowers and plants, with lovely valleys, majestic mountain peaks and silvery gleaming sheets of water, is a region where German culture meets with Romanic and Slavic cultures, is an ancient center of civilization, to which unique cultural monuments give testimony.

The subject of the second part is Klagenfurt which – once an unimportant settlement on the Glanfurt – has grown to be the heart of the province. Robert Musil gave a description of the town as follows:

"A town … old and beautiful, with its architecturally impressive buildings whose character has emerged over centuries of changing taste, stands as a single, impressive testimony to the capacity to love and to the incapacity to do so for ever. The proud complex of its buildings is representing not only its great history but also the continual change in the way of thinking. In this regard, it is the personification of an inconstancy transformed into stone which has presumed, every quarter of a century and in different ways, to be in the right for all times."

May this illustrated volume give an impression of Carinthia and its capital, may it find favourable acceptance, may it win new friends for Carinthia and cement old friendships; after all, the word "Kärnten" (Carinthia), translated from Celtic, respectively from late-Illyric, means nothing else but "place of friends".

Préface

Ce magnifique recueil de photographies a été élaboré pour tous ceux qui aiment la Carinthie et sa capitale, qu'ils habitent ici ou qu'ils y passent leurs vacances.

Son contenu est d'une variété riche comme celle de la province elle-même. La première partie du livre est une image suggestive de la Carinthie, comme elle se presente dans le courant de l'année. Ce joyau au sud de l'Autriche, ce paysage plein de diversité, ce petit univers isolé, riche en fleurs et plantes, avec des vallées ravissantes, des sommets majestueux et des superficies d'eau aux reflets argentins, est une région où la culture allemande entre en contact avec la culture romane et la culture slave, est un ancien espace vital marqué par des monuments culturels uniques.

La seconde partie traite de la capitale de la Carinthie. Klagenfurt, la localité autrefois insignifiante, située sur la Glanfurt, a pu s'agrandir jusqu'à devenir le centre de la région. Robert Musil décrit la capitale comme suit:

«Une ville ... belle et vielle, avec l'empreinte architectonique née dans le courant des siècles de la diversité des goûts est, à elle seule, la preuve que l'amour est possible et qu'il est impossible sous l'aspect de la continuité. L'ensemble imposant de ses bâtiments n'illustre pas seulement une grande histoire, mais aussi le constant changement des goûts. Du cet point de vue elle est une inconstance pétrifiée qui, tous les quarts de siècle, a prétendu, à sa manière, avoir raison pour l'éternité.»

Nous espérons que ce recueil de photographies puisse donner une impression de la province et de sa capitale, qu'il puisse trouver un accueil favorable, qu'il puisse donner des nouveaux amis à la Carinthie et renforcer les anciennes amitiés; aprés tout, le mot «Kärnten» (Carinthie) traduit de la langue celtique ou illyrique-ancien ne veut rien dire d'autre que «lieu des amis».

Introduzione

Questo bellissimo volume illustrato è stato concepito per tutti coloro che amano la Carinzia, sia per chi ci vive, sia per chi ci viene in vacanze.

Il suo contenuto rispecchia i vari aspetti di questo paese. La prima parte del libro è un'immagine suggestiva della Carinzia come essa si presenta nel corso dell'anno. Questo gioiello nel sud dell'Austria, questo paesaggio tanto vario, questo piccolo mondo chiuso in se stesso, ricco di fiori e di piante, con valli deliziose, cime maestose e specchi d'acqua che brillano argentine, è una striscia di terra dove s'incontrano la cultura tedesca, romanica e slava, è un antico centro di civiltà i cui monumenti unici ne danno testimonianza.

La seconda parte è dedicata alla capitale della Carinzia, una volta solo un paese insignificante sulla Glanfurt il quale si è potuto sviluppare fino a diventare centro della regione. Robert Musil la descrive come segue:

«Una città ... bella e antica, il cui carattere degli edifici, nato da gusti diversi, fa testimonianza della capacità di amare e dell'incapacità di farlo continuamente. Il complesso superbo dei suoi edifici non rappresenta soltanto una grande storia, ma anche un continuo mutamento delle opinioni. Esso è, in questo senso, proprio un'inconstanza pietrificata, che ogni quarto di secolo aveva presunto, in maniera diversa, di aver eternamente ragione.»

Con questo volume ci proponiamo di dare un'impressione del paese e della sua capitale, e ci auguriamo che trovi positivo riscontro, che porti nuovi amici alla Carinzia e consolidi vecchie amicizie; come dice la parola stessa «Kärnten» (Carinzia), che nella traduzione dal celtico rispettivamente dal tardo illirico non significa nient'altro che «luogo d'amici».

KÄRNTEN...

S. 13 Sonntäglicher Kirchgang im Glantal.

S. 15 Historische Bauweise im Unterland (Unterferlach).

S. 16 Speisenweihe am Karsamstag.

S. 17 Szene aus der Treßdorfer Passion (Mölltal).

S. 18 Flurprozession im Lesachtal.

S. 19 Hauslandschaft im Bodental (Karawanken).

S. 20/21 Das Kranzelreiten in Weitensfeld, ein alter Brauch im Monat Mai. Die Teilnehmer reiten und laufen um die Wette, der Sieger darf auf dem Marktplatz die „Brunnenjungfrau" küssen. Die Reiter auf den Bildern tragen die Gurktaler Tracht.

S. 22 Zu den großen Badeseen in den Tälern kommen Hunderte kleiner Karseen in den Bergen. Hier der Wangenitzsee (Schobergruppe).

S. 23 Eine Landschaft mit eigenem Reiz: das Nockgebiet im Norden des Landes.

S. 24/25 Das Gailtaler Kufenstechen. Bei diesem alten Maibrauch wird von Burschen im Vorbeireiten gegen ein auf einem Pfahl befindliches Fäßchen geschlagen; derjenige Reiter, der das Fäßchen zertrümmert, erhält den von den heiratsfähigen Mädchen des Dorfes gestifteten Blumenkranz.

p. 13 Sunday church-going in the Glantal.

p. 15 Historical architecture near Unterferlach.

p. 16 The blessing of the meat on Holy Saturday.

p. 17 A scene out of the Passion play of Treßdorf (Mölltal).

p. 18 A rural procession in the Lesachtal.

p. 19 Landscape with farmhouse in the Bodental (Karawanken).

p. 20/21 The *Kranzelreiten* of Weitensfeld, an old custom of the month of May. The participants ride and run in a race; the winner is allowed to kiss the *Brunnenjungfrau* (maiden of the fountain) on the market place. The riders in the pictures are wearing the costume of the Gurktal.

p. 22 In addition to the large lakes for bathing in the valleys, there are hundreds of tiny lakes in the mountains like the Wangenitzsee (Schobergruppe).

p. 23 A landscape with particular charm: The *Nockgebiet* in the north of the province.

p. 24/25 The *Gailtaler Kufenstechen*. According to this old May custom, young men riding on horses hit a keg fixed on the top of a pole; the rider who smashes the keg receives a wreath of flowers given by the marriageable girls of the village.

p. 13 Le dimanche, sur le chemin de l'église dans la Glantal.

p. 15 Architecture historique près de Unterferlach.

p. 16 La bénédiction des viandes le samedi saint.

p. 17 Une scène de la représentation de la Passion de Treßdorf (Mölltal).

p. 18 Une procession campagnarde dans la Lesachtal.

p. 19 Un paysage avec une maison paysanne dans la Bodental (Karawanken).

p. 20/21 Le *Kranzelreiten* à Weitensfeld, une vieille coutume au mois de mai. Les participants allons à cheval ou courent à qui mieux mieux; le vainqueur peut embrasser la *Brunnenjungfrau* (demoiselle de la fontaine) sur la place du marché. Les cavaliers sur les images portent le costume folklorique de la Gurktal.

p. 22 Sans compter les grands lacs dans les vallées il y a aussi des centaines de petits lacs dans les montagnes comme le Wangenitzsee (Schobergruppe).

p. 23 Un paysage au charme particulier: le *Nockgebiet* dans le secteur du nord de la province.

p. 24/25 Le *Gailtaler Kufenstechen*. D'après cette vieille coutume pratiquée en mai, des jeunes hommes à cheval passent en frappant un baril qui se trouve sur un poteau: le cavalier qui brise le baril reçoit une couronne de fleurs donnée par les jeunes filles à marier du village.

p. 13 L'andata domenicale in chiesa nella Glantal.

p. 15 Architettura storica nella Carinzia Bassa (Unterferlach).

p. 16 Benedizione delle vivande al Sabato Santo.

p. 17 Scena del mistero della passione di Treßdorf (Mölltal).

p. 18 Processione attraverso i campi nella Lesachtal.

p. 19 Paesaggio con casa rurale nella Bodental (Karawanken).

p. 20/21 Il *Kranzelreiten* è un'antica tradizione del mese di maggio. I partecipanti gareggiano nella corsa e cavalcando; il vincitore poi bacerà la statua della *Brunnenjungfrau* (fanciulla della fontana) in piazza del mercato. Gli uomini a cavallo sulle foto indossano il costume tradizionale della Gurktal.

p. 22 Oltre ai numerosi laghi balneari nelle valli possiamo trovare centinaia di piccoli laghetti in montagna, come per esempio il Wangenitzsee (Schobergruppe).

p. 23 Un paesaggio con un fascino particolare: il *Nockgebiet* a nord della regione.

p. 24/25 Il *Gailtaler Kufenstechen* è un'antica tradizione del mese di maggio, in cui dei ragazzi, passandoci a cavallo, battono contro una botticella attaccata a un palo; colui che riesce a rompere la botticella, riceve in dono dalle fanciulle in età da maritarsi una corona di fiori.

S. 26 Kaltblutpferde in der Kreuzeckgruppe.
S. 27 Bäuerliches Anwesen in Putschall (Mölltal).
S. 28 Vielfältig ist die Huttracht: Kärntner Reindl.
S. 29 Lavanttaler Alttracht: Scheibenhut, Stockhut und Kopftuch.

p. 26 Horses in the mountainous region of Carinthia.
p. 27 A farmhouse in Putschall (Mölltal).
p. 28 There is a great variety of traditional hats, for instance the *Kärntner Reindl*.
p. 29 The tipical hats of the ancient traditional costume of the Lavanttal: *Scheibenhut*, *Stockhut*, and the scarf.

p. 26 Les chevaux de la contrée montagneuse carinthienne.
p. 27 Une propriété fermière de Putschall (Mölltal).
p. 28 Les chapeaux traditionels sont nombreux: par exemple le *Kärntner Reindl*.
p. 29 Les chapeaux de l'ancien costume folklorique de la Lavanttal: *Scheibenhut*, *Stockhut* et le mouchoir de tête.

p. 26 Cavalli nella regione alpina della Carinzia.
p. 27 Case rurali di Putschall (Mölltal).
p. 28 Esiste una grande varietà di cappelli tradizionali, per esempio il *Kärntner Reindl*.
p. 29 Cappelli tipici dell'antico costume tradizionale della valle Lavanttal: *Scheibenhut*, *Stockhut* ed il foulard.

S. 30 Schafherden sind in allen Kärntner Gebirgsgruppen anzutreffen.

S. 31 Was wären Berge ohne Blumen!

p. 30 You can find herds of sheeps in all parts of the mountainous region of Carinthia.

p. 31 You cannot imagine mountains without flowers.

p. 30 Dans les montagnes se trouvent des troupeaux de moutons.

p. 31 On ne peut pas s'imaginer des montagnes sans fleurs.

p. 30 In montagna si possono trovare greggi di pecore.

p. 31 È impossibile immaginarsi montagne senza fiori.

S. 32 Geprägt wird das Stadtbild von Villach durch die Drau.
S. 33 Der Villacher Hauptplatz von der Hauptstadtpfarrkirche St. Jakob aus gesehen.

p. 32 Villach, a town situated on the river Drau.
p. 33 View of the *Hauptplatz* of Villach from the parish church St. Jakob.

p. 32 La ville de Villach est située sur le fleuve Drau.
p. 33 La vue du *Hauptplatz* de Villach prise de l'église paroissiale de St. Jakob.

p. 32 Una caratteristica di Villach è il fiume che percorre la città.
p. 33 Una veduta del *Hauptplatz* di Villach fotografata dalla chiesa parrocchiale di St. Jakob.

S. 34 Leuchtend blau inmitten des Grüns der Landschaft: der Faaker See.

S. 35 Die Kirche von Ossiach – beeindruckend die künstlerische Ausschmückung des Innenraumes.

S. 36 Zieht die Blicke auf sich: das Metnitzer Schützenkorps.

S. 37 Hochosterwitz, östlich von St. Veit a. d. Glan auf einem Felskegel gelegen, ist eine der imposantesten Burgen Österreichs.

p. 34 A blue spot in the green landscape: the Faaker See.

p. 35 The church of Ossiach – the artistic interior decoration is very impressive.

p. 36 A real attraction is the *Metnitzer Schützenkorps*.

p. 37 Hochosterwitz, situated on a rock in the east of St. Veit a. d. Glan, is one of the most imposing castles of Austria.

p. 34 Un point bleu au milieu du paysage vert: le Faaker See.

p. 35 Les décorations artistiques de l'église de Ossiach sont très impressionantes.

p. 36 Le *Metnitzer Schützenkorps* attire les regards.

p. 37 Hochosterwitz, situé sur une crête d'un rocher à l'est de St. Veit a. d. Glan, compte parmi les plus impressionnants châteaux d'Autriche.

p. 34 Una macchia tutta blu in mezzo al verde del paesaggio: il Faaker See.

p. 35 L'interno della chiesa di Ossiach – ne risalta l'addobbo artistico.

p. 36 Attira l'attenzione: il *Metnitzer Schützenkorps*.

p. 37 Hochosterwitz, uno dei più impressionanti castelli dell'Austria, si trova su una roccia isolata all'est di St. Veit a. d. Glan.

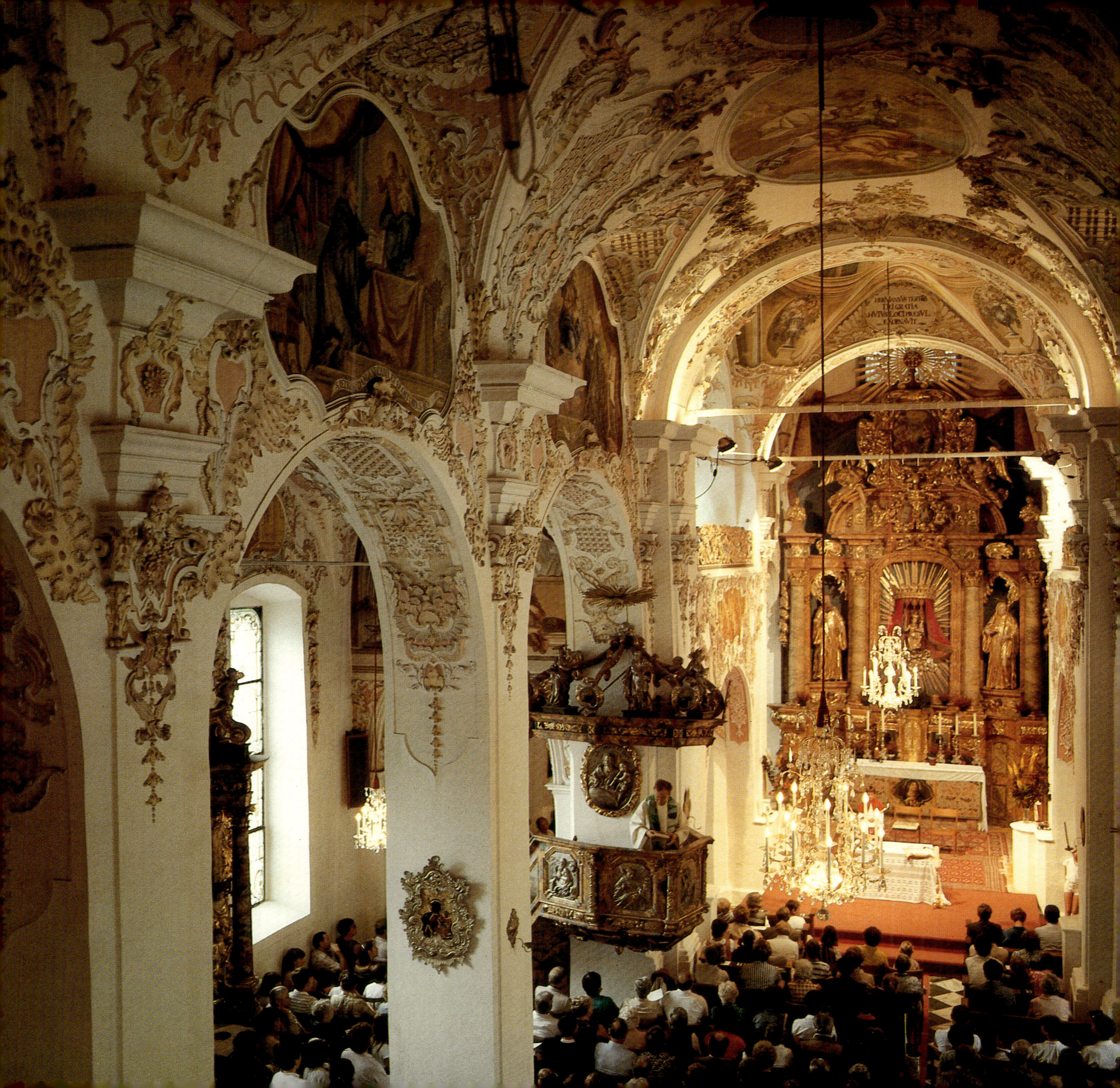

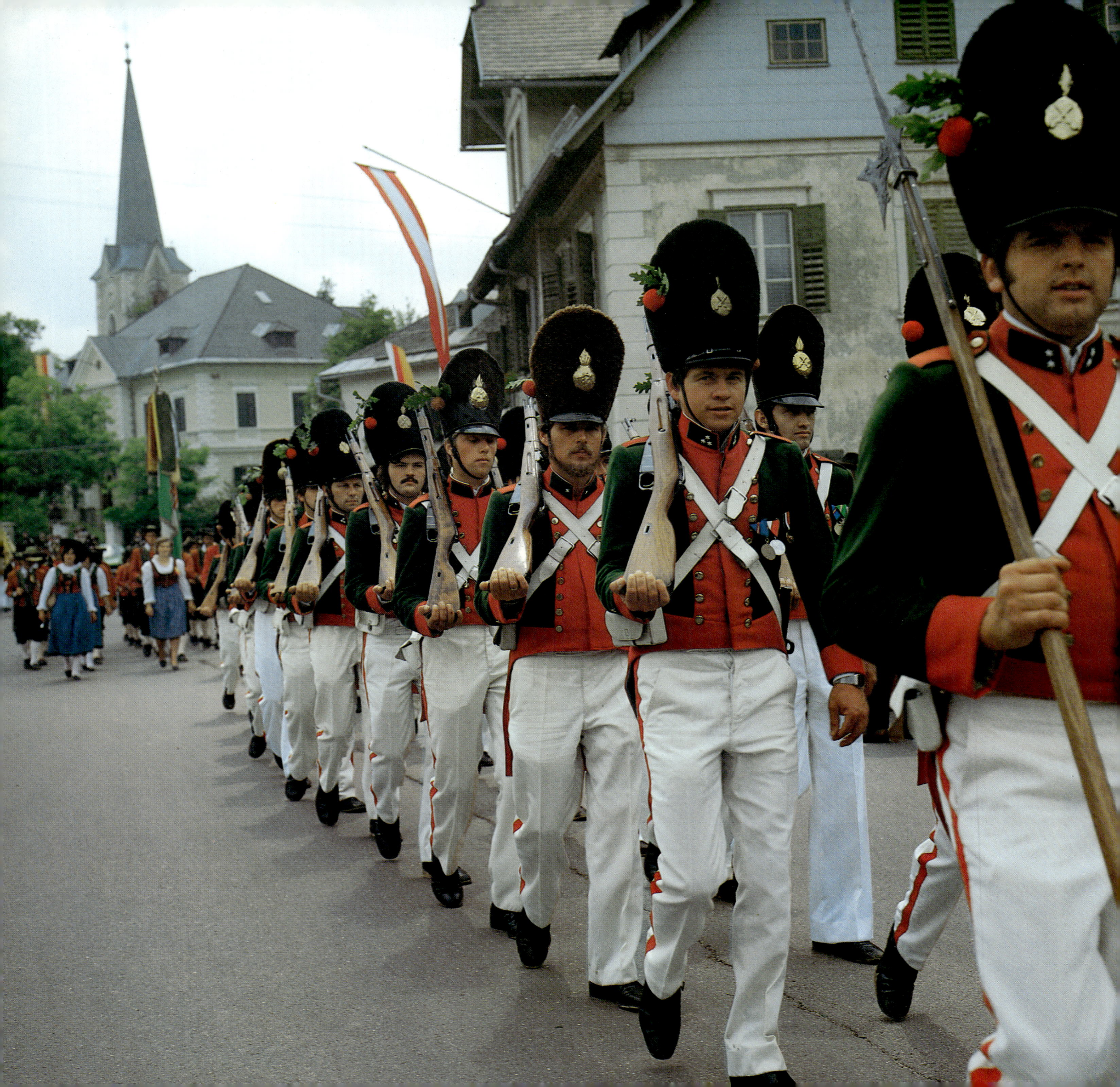

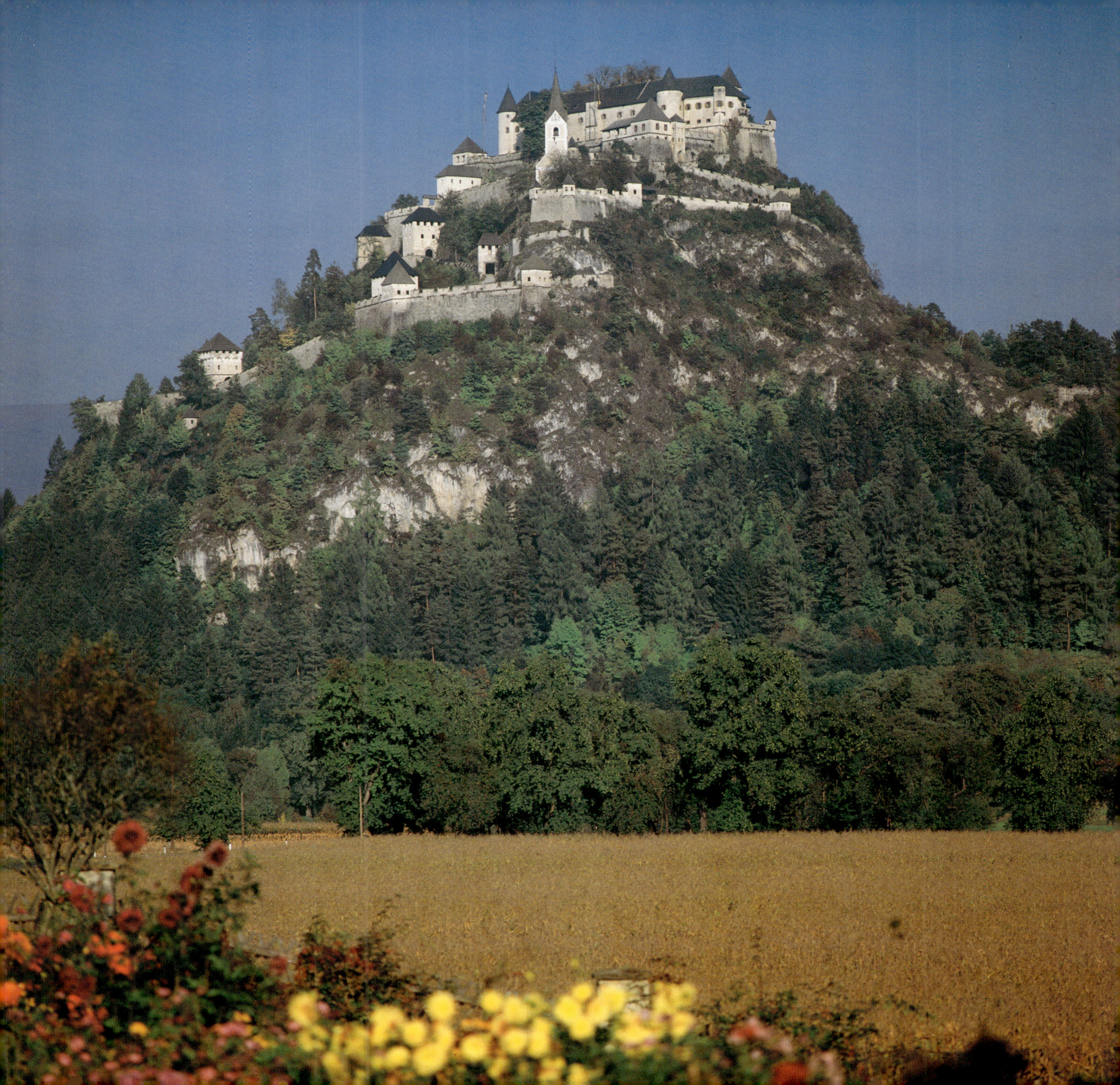

S. 38 Steinerne Kanonenkugel beim Südportal der Kirchenburg Maria Saal.

S. 39 Der auf dem Zollfeld stehende Herzogstuhl zählt zu den ausgefallensten mittelalterlichen Rechtsdenkmälern Österreichs.

S. 40 Kärnten hat schöne Renaissancehöfe, wie z. B. in Schloß Tanzenberg (Zollfeld).

S. 41 Die historische Bürgergarde von Millstatt.

p. 38 A stone cannon ball near the south portal of the church of Maria Saal.

p. 39 The *Herzogstuhl* (Zollfeld) is one of the most extraordinary medieval monuments of Austria.

p. 40 Carinthia has beautiful Renaissance courtyards, for instance in the castle of Tanzenberg (Zollfeld).

p. 41 The historical *Bürgergarde* of Millstatt.

p. 38 Un boulet de canon en pierre près du portail sud de l'église de Maria Saal.

p. 39 Le *Herzogstuhl* (Zollfeld) est un monument médiéval très singulier.

p. 40 La Carinthie a des belles cours de la Renaissance, par exemple au château de Tanzenberg (Zollfeld).

p. 41 La *Bürgergarde* historique de Millstatt.

p. 38 La palla di cannone di pietra si trova presso il portale sud della chiesa di Maria Saal.

p. 39 Il *Herzogstuhl* sullo Zollfeld è un monumento medioevale tutto particolare.

p. 40 La Carinzia possiede dei bellissimi cortili rinascimentali, per esempio il cortile ad arcate del castello di Tanzenberg (Zollfeld).

p. 41 Membri della *Bürgergarde* di Millstatt.

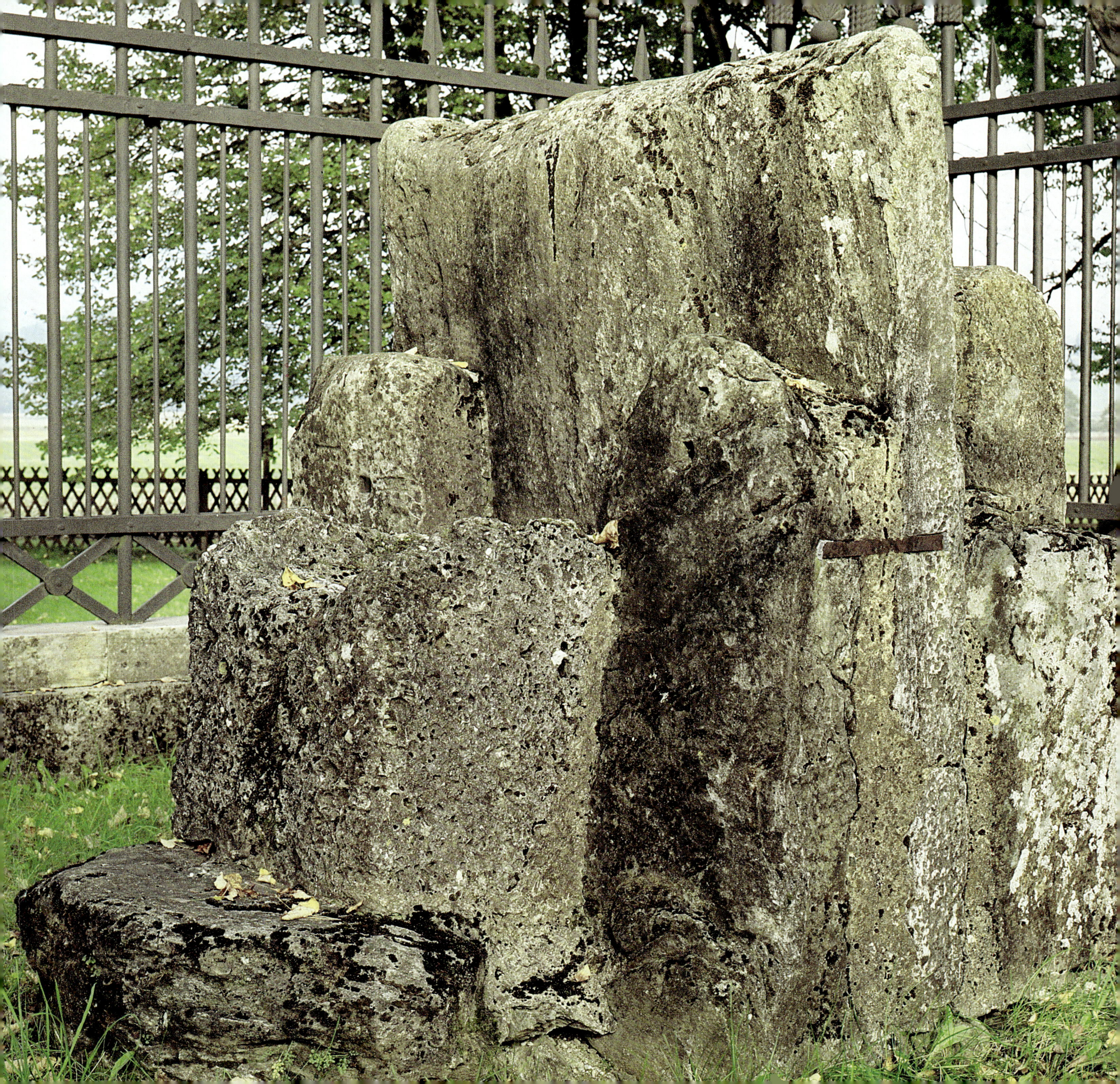

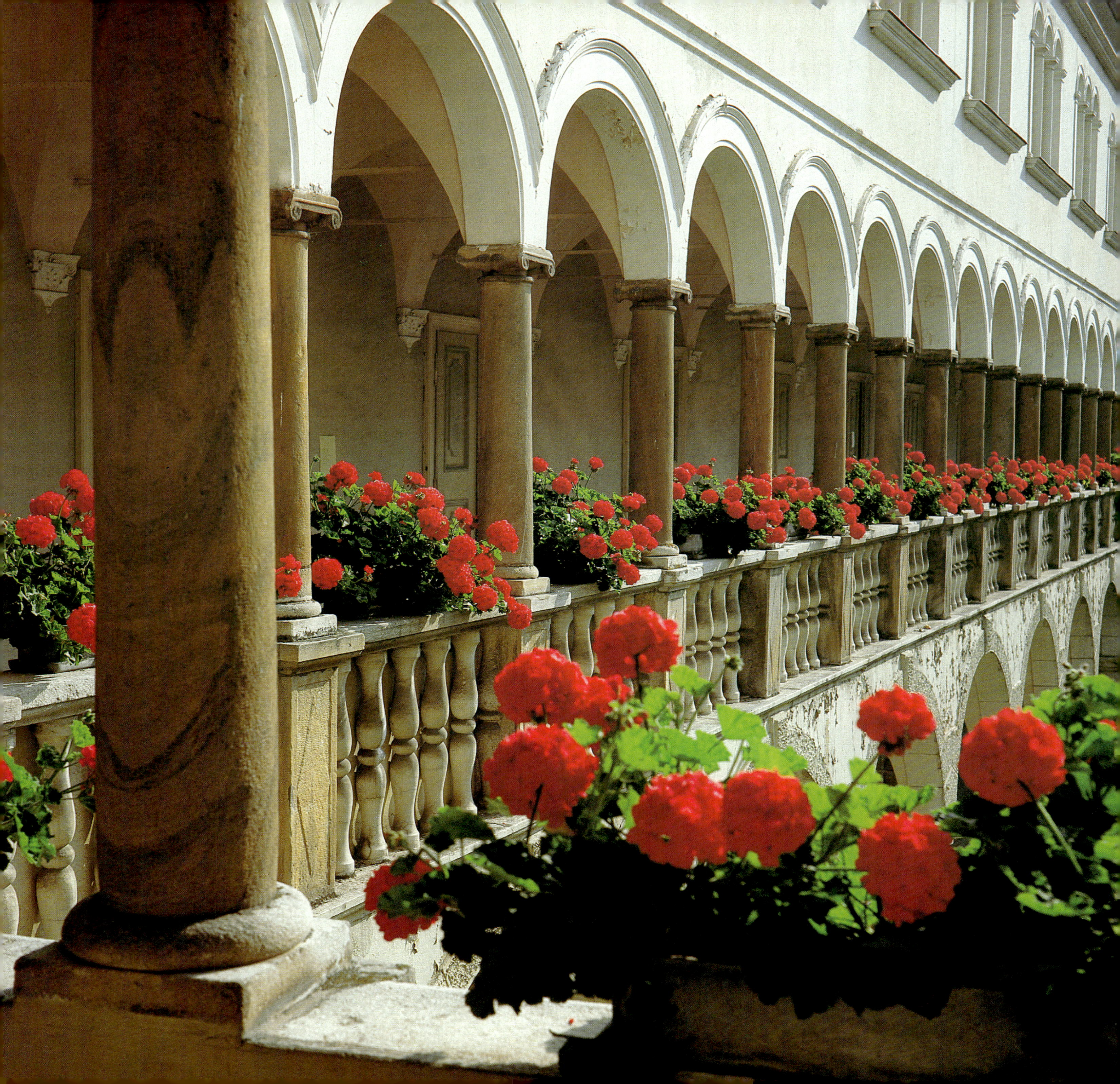

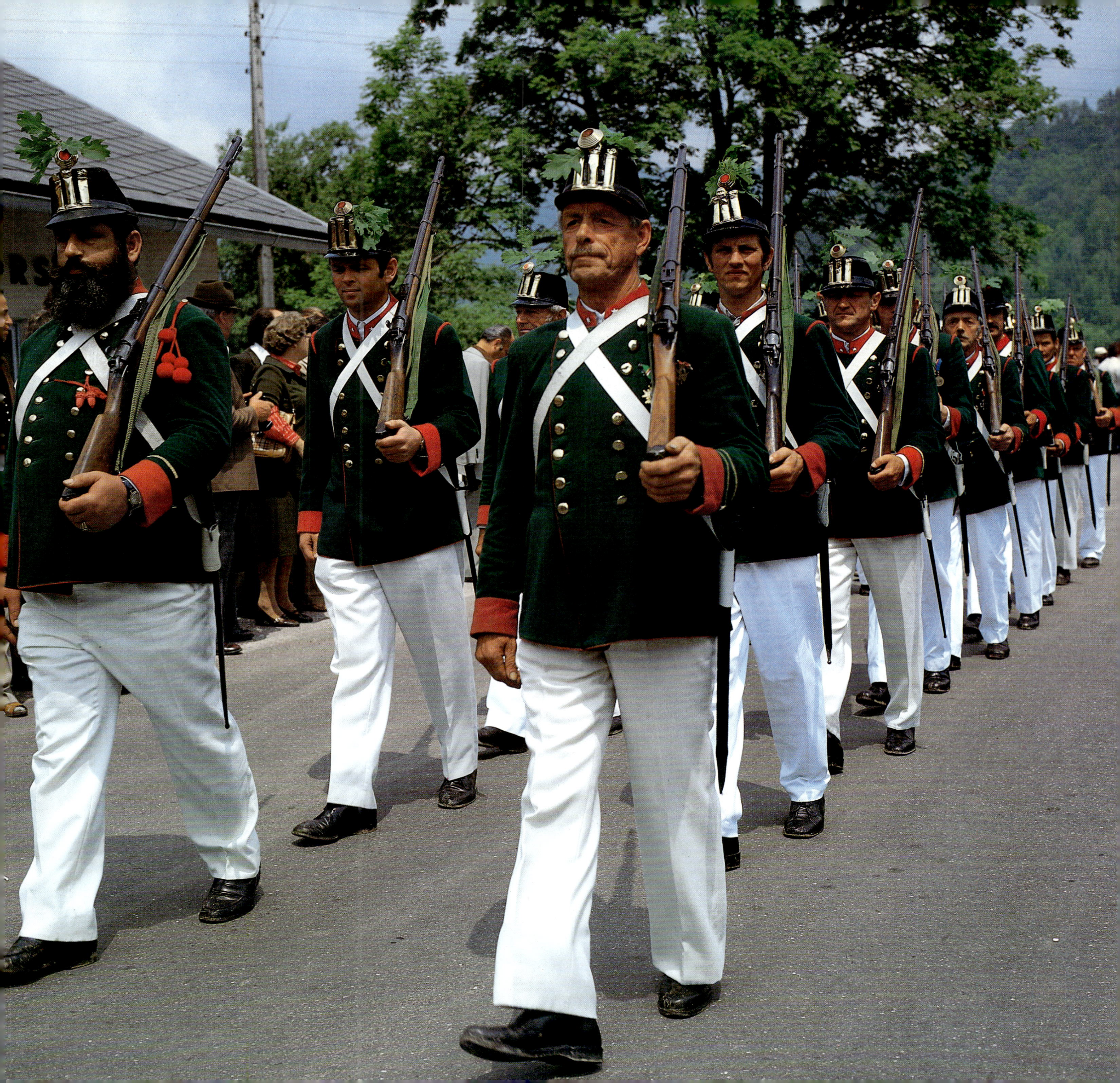

S. 42 Am sonnseitigen Hang des Lesachtales: der Wallfahrtsort Maria Luggau.

S. 43 Nadelwald prägt den größten Teil des Landes.

S. 44 Um bei längerem Schlechtwetter ein Verderben der Ernte zu verhindern, wird das gemähte Gras zur Trocknung nicht auf dem Boden ausgebreitet.

S. 45 Diese große Heuharfe dient neben der Trocknung auch der vorübergehenden Lagerung des Viehfutters.

p. 42 On the sunny side of a slope in the Lesachtal: Maria Luggau, a place of pilgrimage.

p. 43 Coniferous forests are covering the major part of the province.

p. 44 In order to prevent the hay from spoiling during al longer period of bad weather, it is not spread out on the floor to dry.

p. 45 This big *Heuharfe* serves to dry and to store up hay.

p. 42 Sur une pente de la Lesachtal exposée au soleil: Maria Luggau, un lieu de pèlerinage.

p. 43 La forêt des conifères est caractéristique pour tout la province.

p. 44 Pour eviter une décomposition de la récolte en période assez longue de mauvais temps, on ne fait pas sécher l'herbe fauchée au sol.

p. 45 Cette grande *Heuharfe* permet de faire sécher et aussi d'entreposer temporairement le fourrage.

p. 42 Sul pendio soleggiato della valle Lesachtal: il luogo di pellegrinaggio di Maria Luggau.

p. 43 Il bosco di conifere è tipico per tutto il paesaggio carinziano.

p. 44 Per evitare che un lungo periodo di cattivo tempo distrugga la raccolta, non si fa asciugare l'erba tagliata per terra.

p. 45 Questa grande *Heuharfe* non serve soltanto ad asciugare il fieno, bensì a depositare temporaneamente il mangime delle bestie.

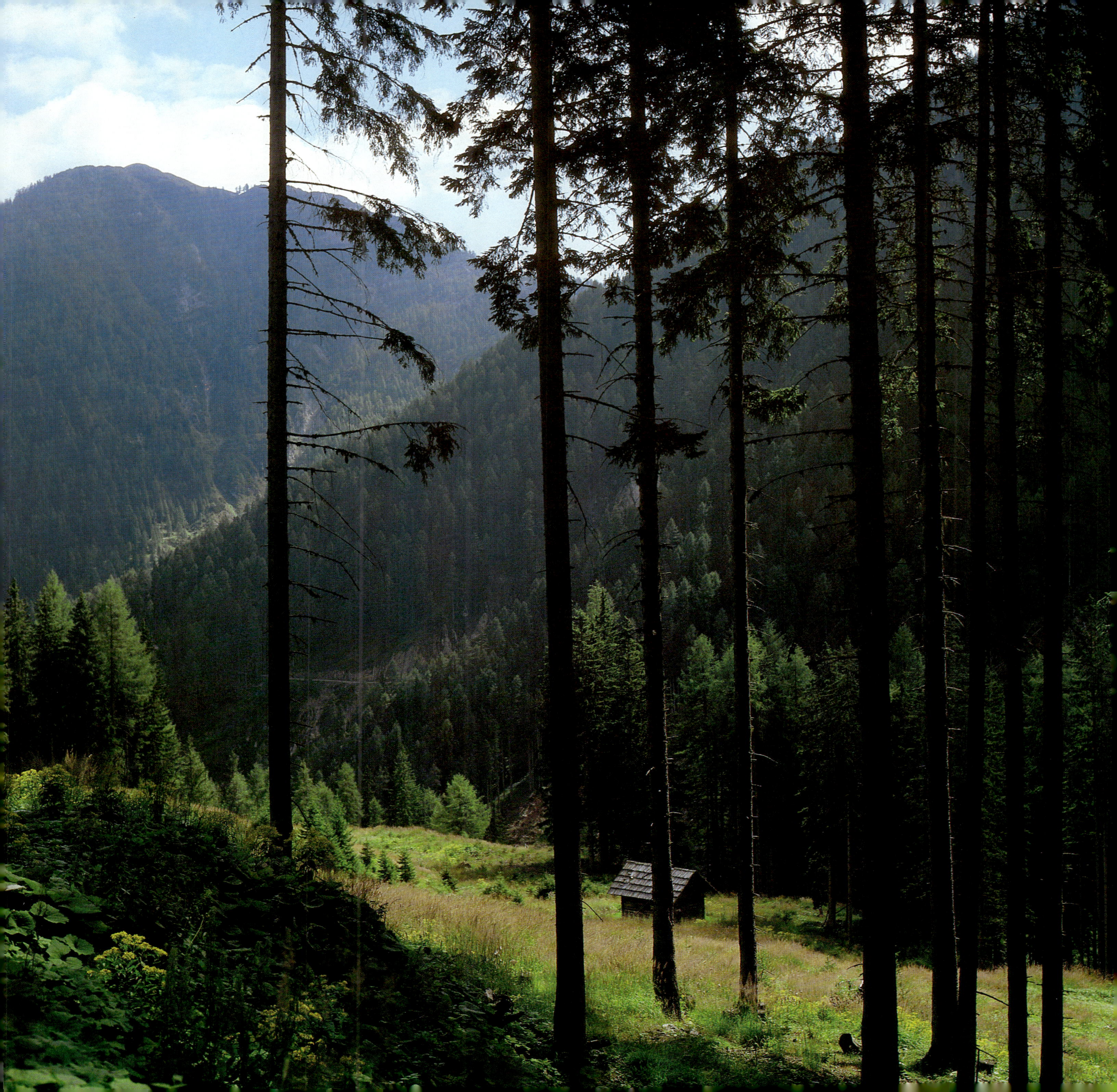

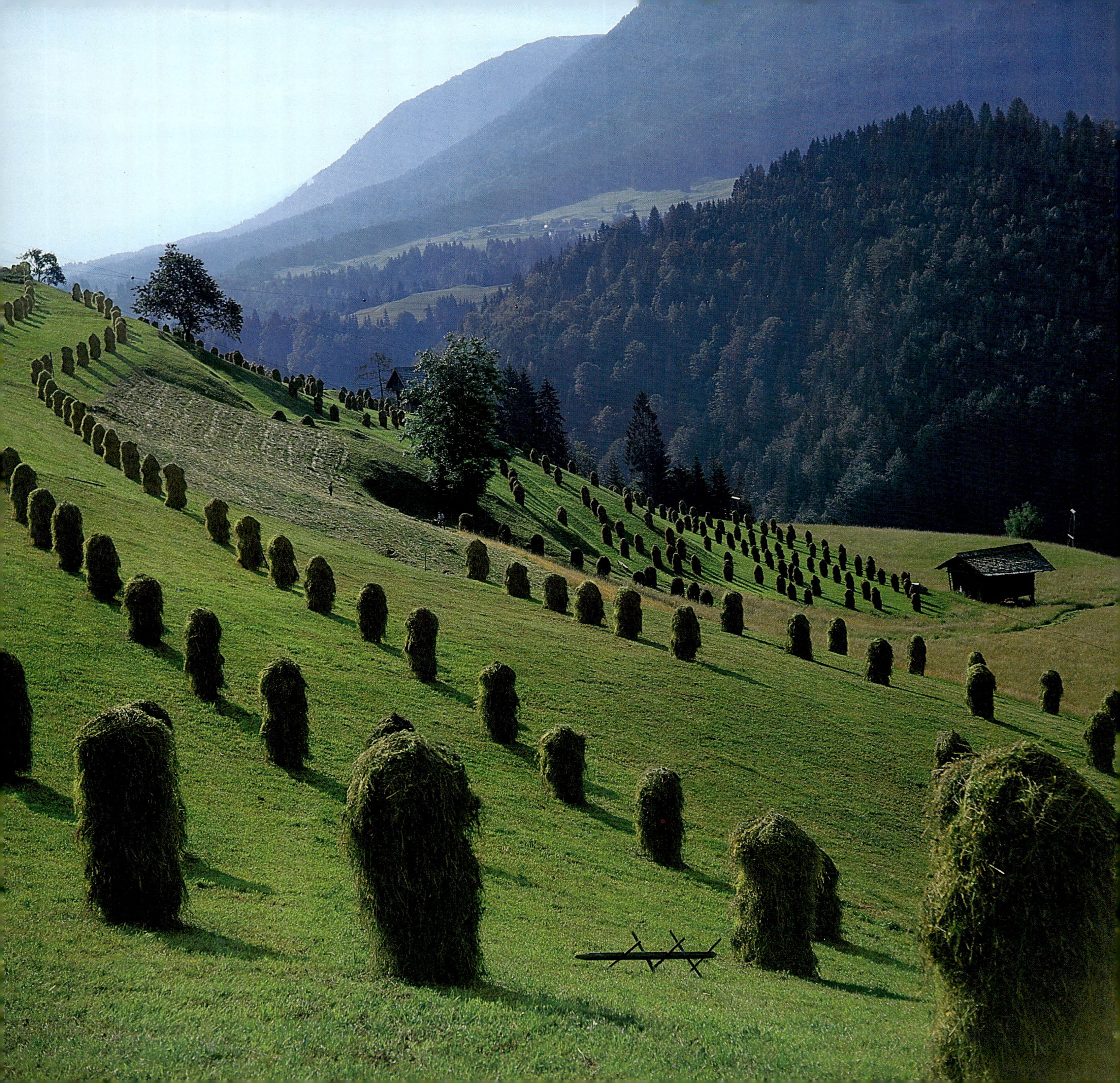

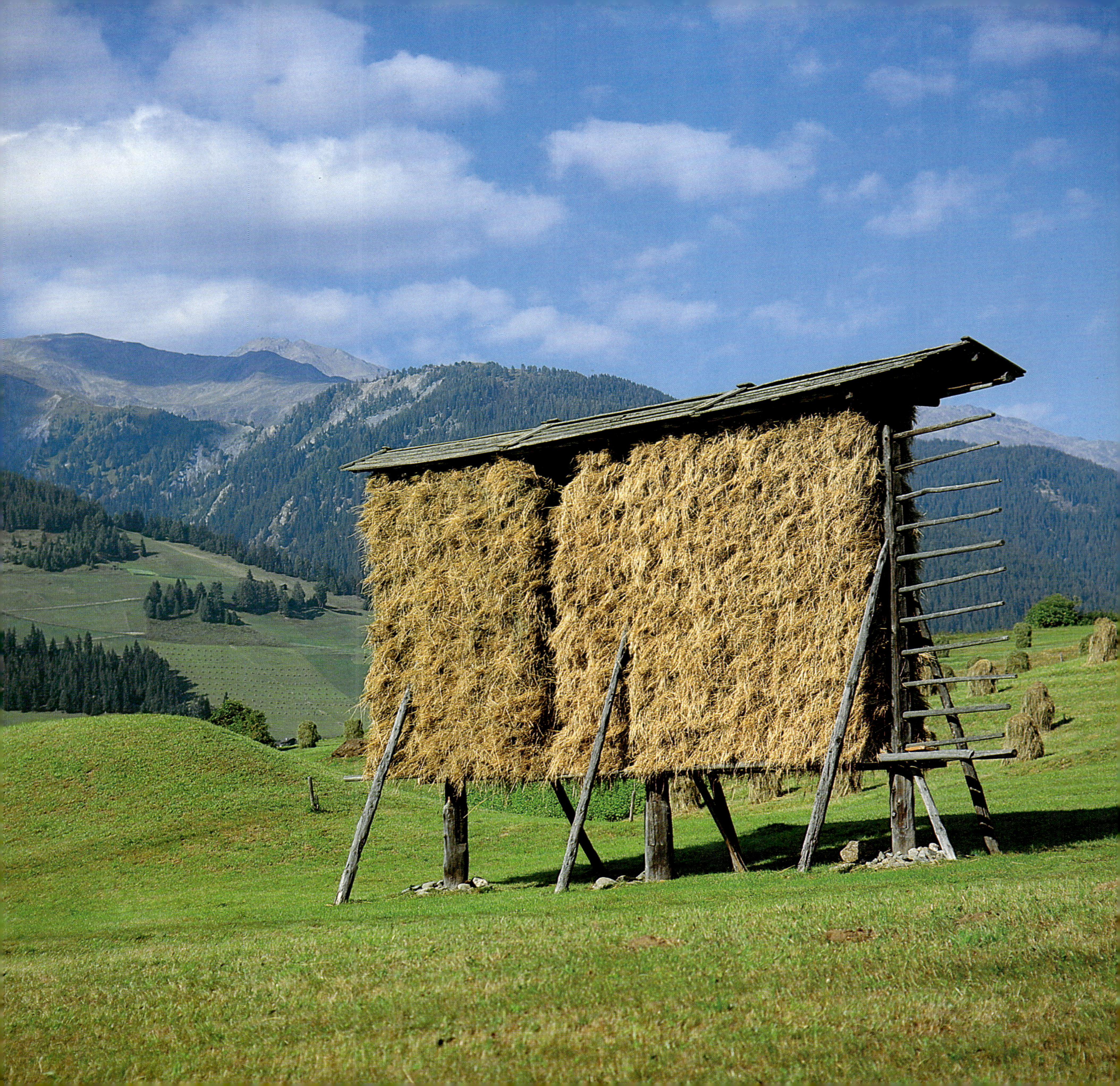

S. 46 Schloß Falkenstein im Mölltal bei Obervellach ist das ehemalige Vorwerk der heutigen Burgruine gleichen Namens.

S. 47 Die Burg Groppenstein bei Semslach im Mölltal.

S. 48 Eines der schönsten spätgotischen Schlösser Österreichs ist Frauenstein in der Nähe von St. Veit a. d. Glan.

S. 49 Schloß Dornbach, eine Wasserburg, talaufwärts vom gleichnamigen Ort gelegen.

p. 46 The castle of Falkenstein near Obervellach (Mölltal) is the former farmstead of the present ruin of the same name.

p. 47 Groppenstein, a castle near Semslach (Mölltal).

p. 48 One of the most beautiful castles of Austria, Frauenstein, near St. Veit a. d. Glan.

p. 49 Dornbach, a castle surrounded by a moat filled with water, is situated near the village of the same name.

p. 46 Falkenstein, un château près de Obervellach (Mölltal), est l'ancienne métairie de l'actuelle ruine du même nom.

p. 47 Groppenstein, un château près de Semslach (Mölltal).

p. 48 Frauenstein, près de St. Veit a. d. Glan, compte parmi les plus beaux châteaux de l'Autriche.

p. 49 Dornbach, un château entouré d'un fossé rempli d'eau, est situé près du village du même nom.

p. 46 Il castello di Falkenstein, presso Obervellach (Mölltal), è l'ex fattoria secondaria dell'attuale rovina omonima.

p. 47 Il castello di Groppenstein vicino a Semslach (Mölltal).

p. 48 Frauenstein vicino a St. Veit a. d. Glan è uno dei castelli più belli dell'Austria.

p. 49 Dornbach, un castello circondato dall'acqua, si trova nella vicinanza del paese omonimo.

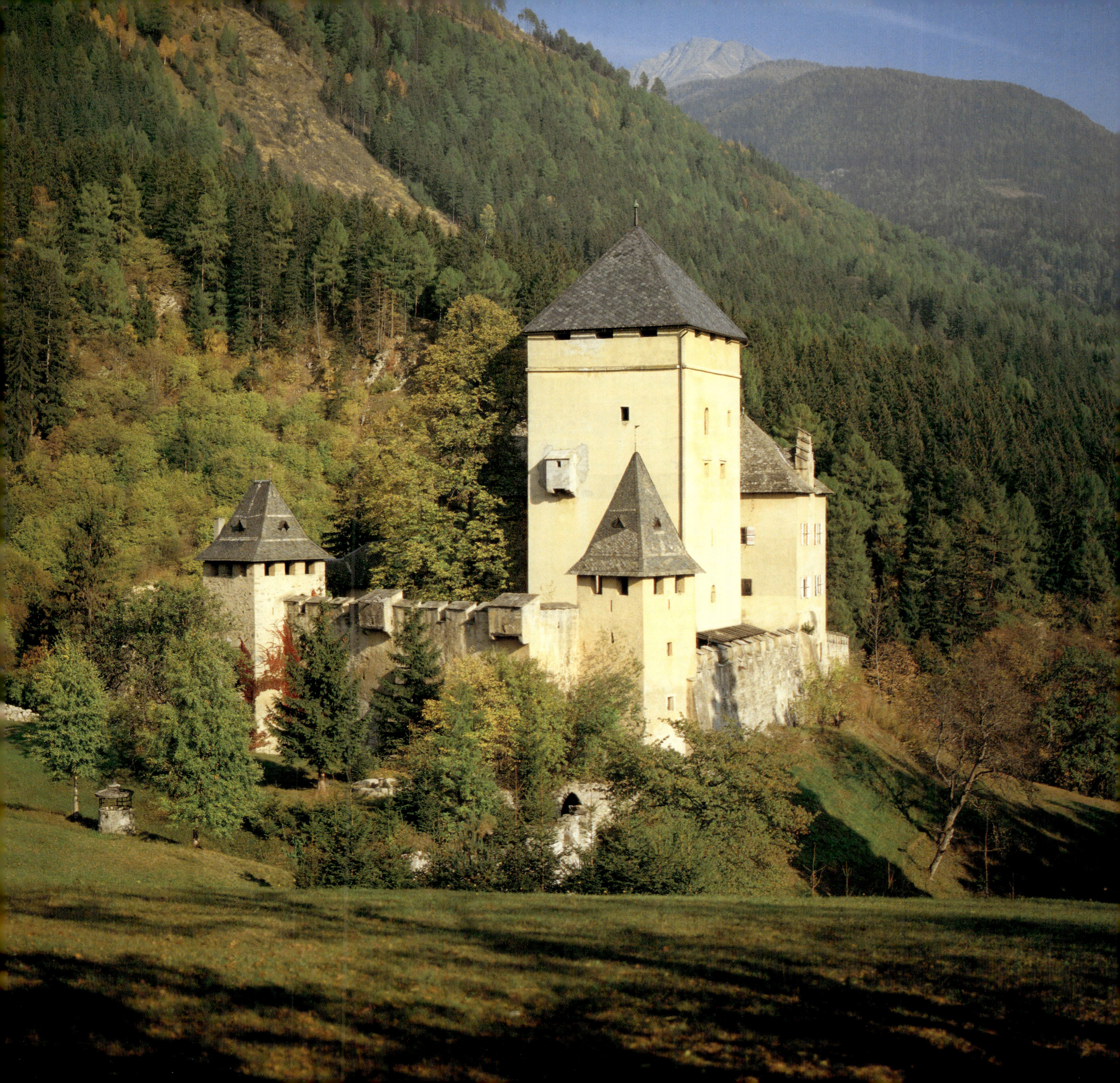

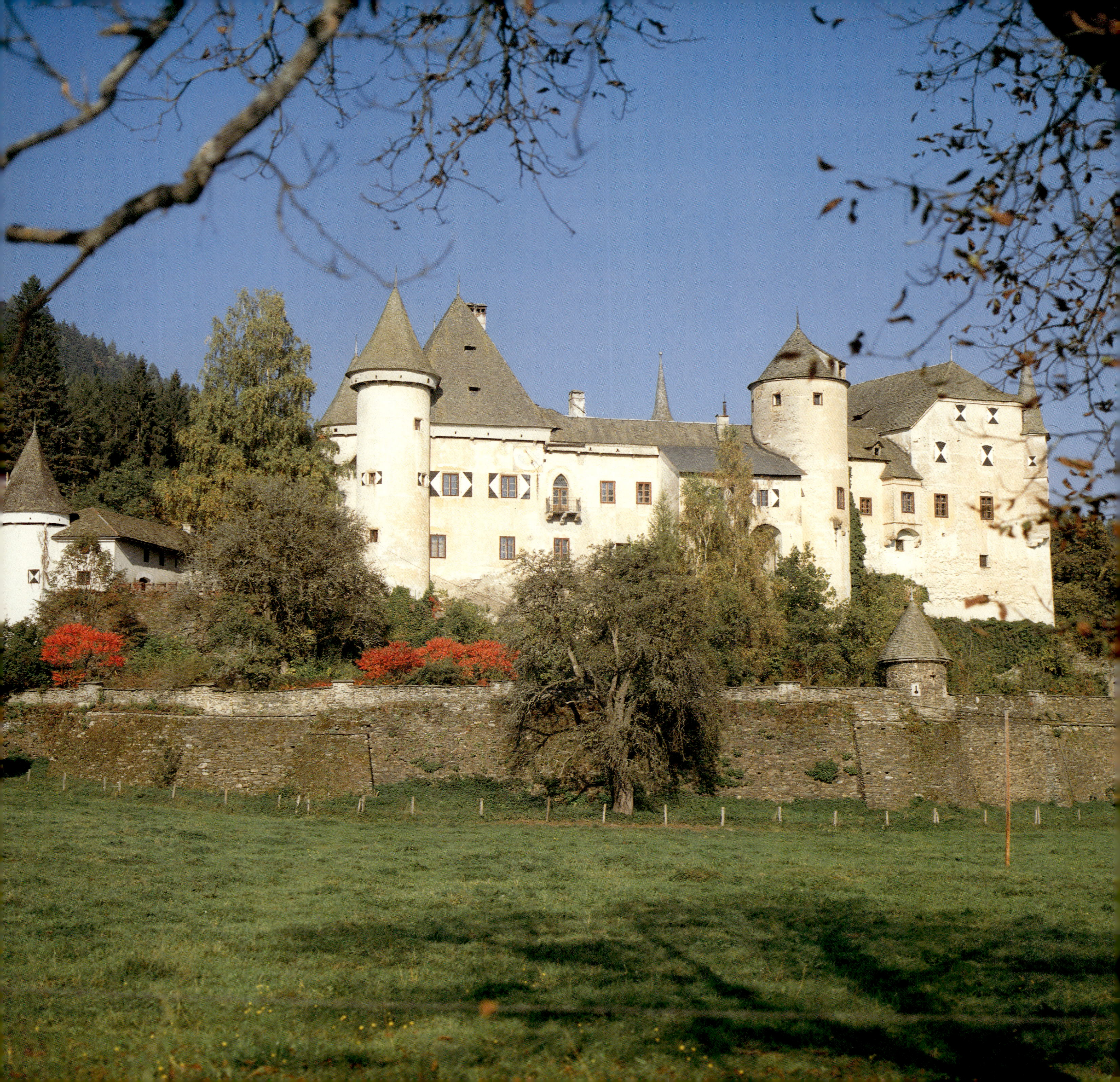

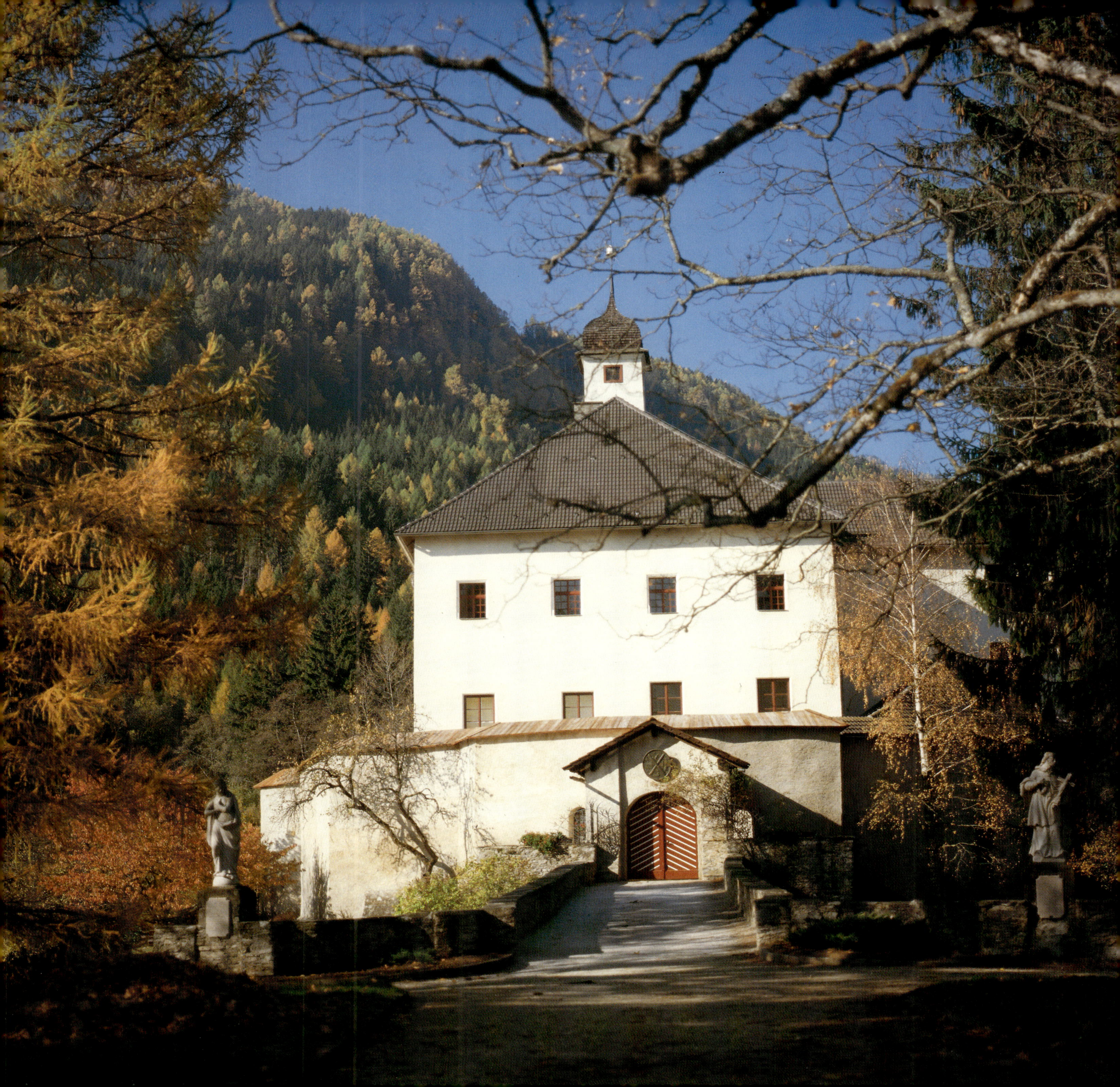

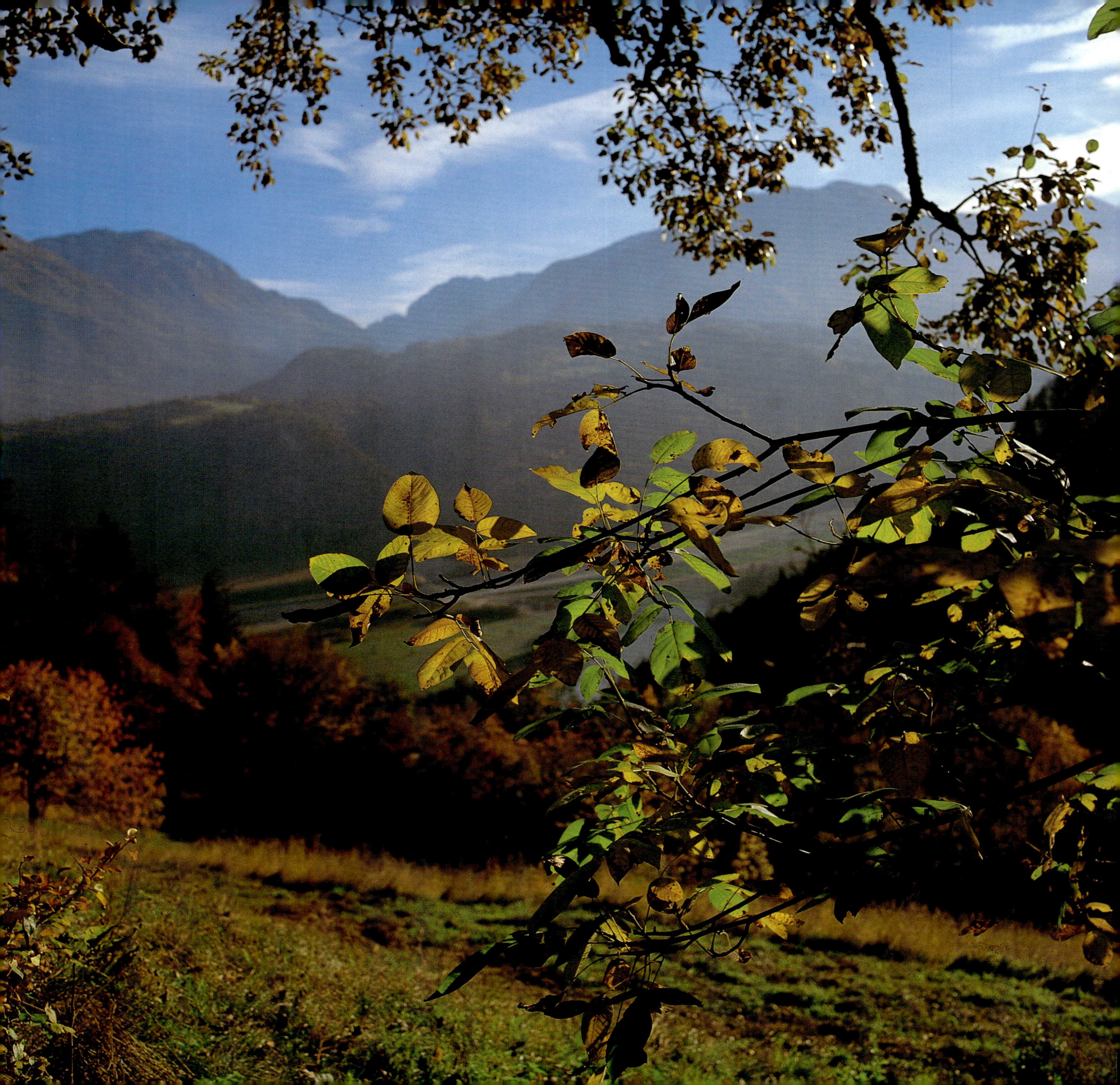

S. 50 Landschaft unter den Karawanken (Rosental).

S. 51 Maiskolben unter dem Giebel eines Wirtschaftsgebäudes.

S. 52 Die Trabantengarde der Bezirksstadt St. Veit a. d. Glan.

S. 53 Bäuerliches Brauchtum gehört zum Leben in diesem Land.

p. 50 Landscape at the foot of the Karawanken (Rosental).

p. 51 Corn-cobs under the gable of a farm building.

p. 52 The *Trabantengarde* of St. Veit a. d. Glan.

p. 53 Peasant traditions form an important component of Carinthian life.

p. 50 Un paysage dominé par les Karawanken (Rosental).

p. 51 Les épis de maïs sous le pignon d'un bâtiment de ferme.

p. 52 La *Trabantengarde* de la ville de St. Veit a. d. Glan.

p. 53 Les coutumes paysannes font aussi partie de la vie carinthienne.

p. 50 Paesaggio ai piedi dei Karawanken (Rosental).

p. 51 Pannocchie di granturco sotto il tetto di un fabbricato rurale.

p. 52 La *Trabantengarde* della città di St. Veit a. d. Glan.

p. 53 Anche il folclore contadino fa parte della vita carinziana.

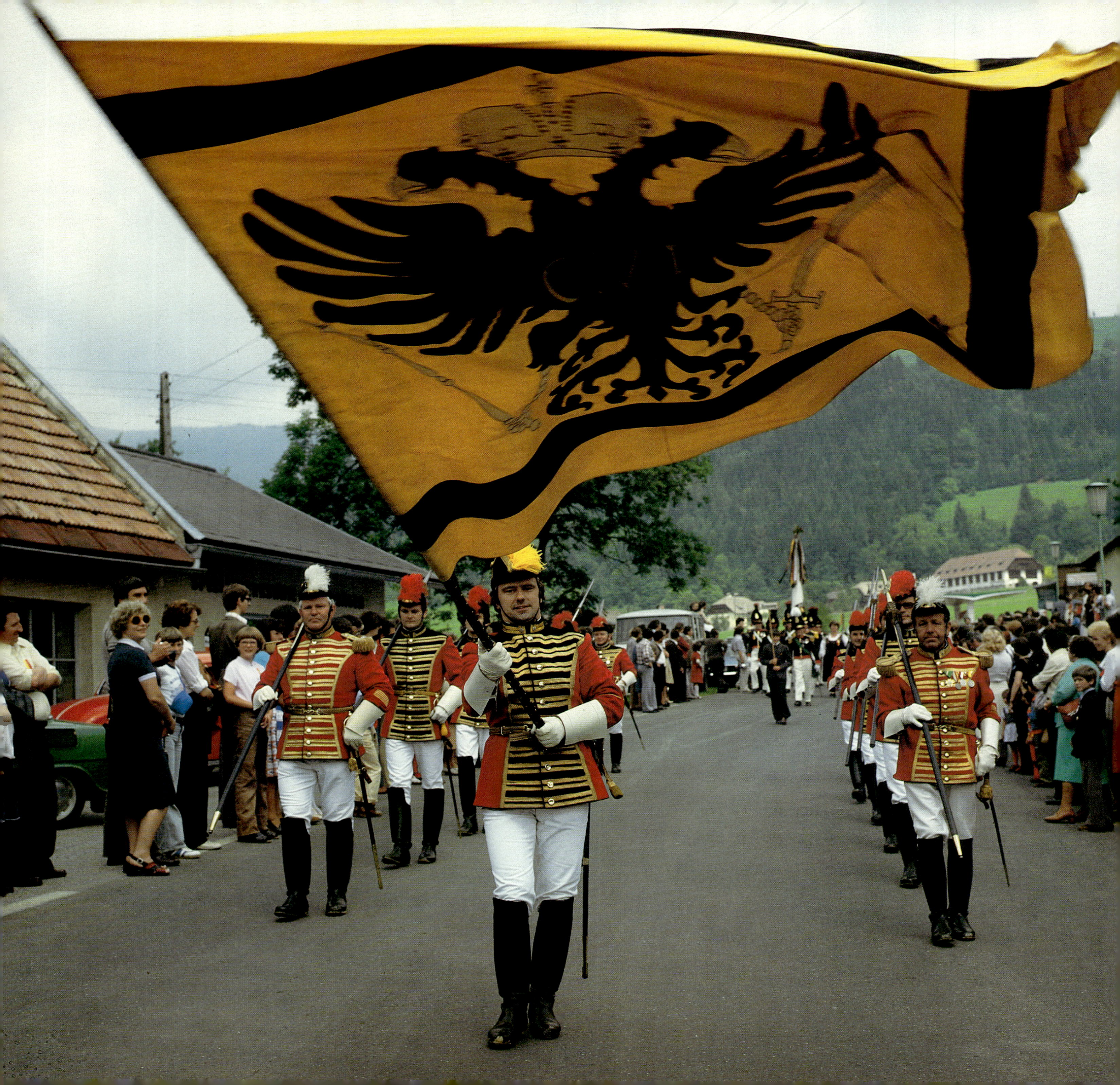

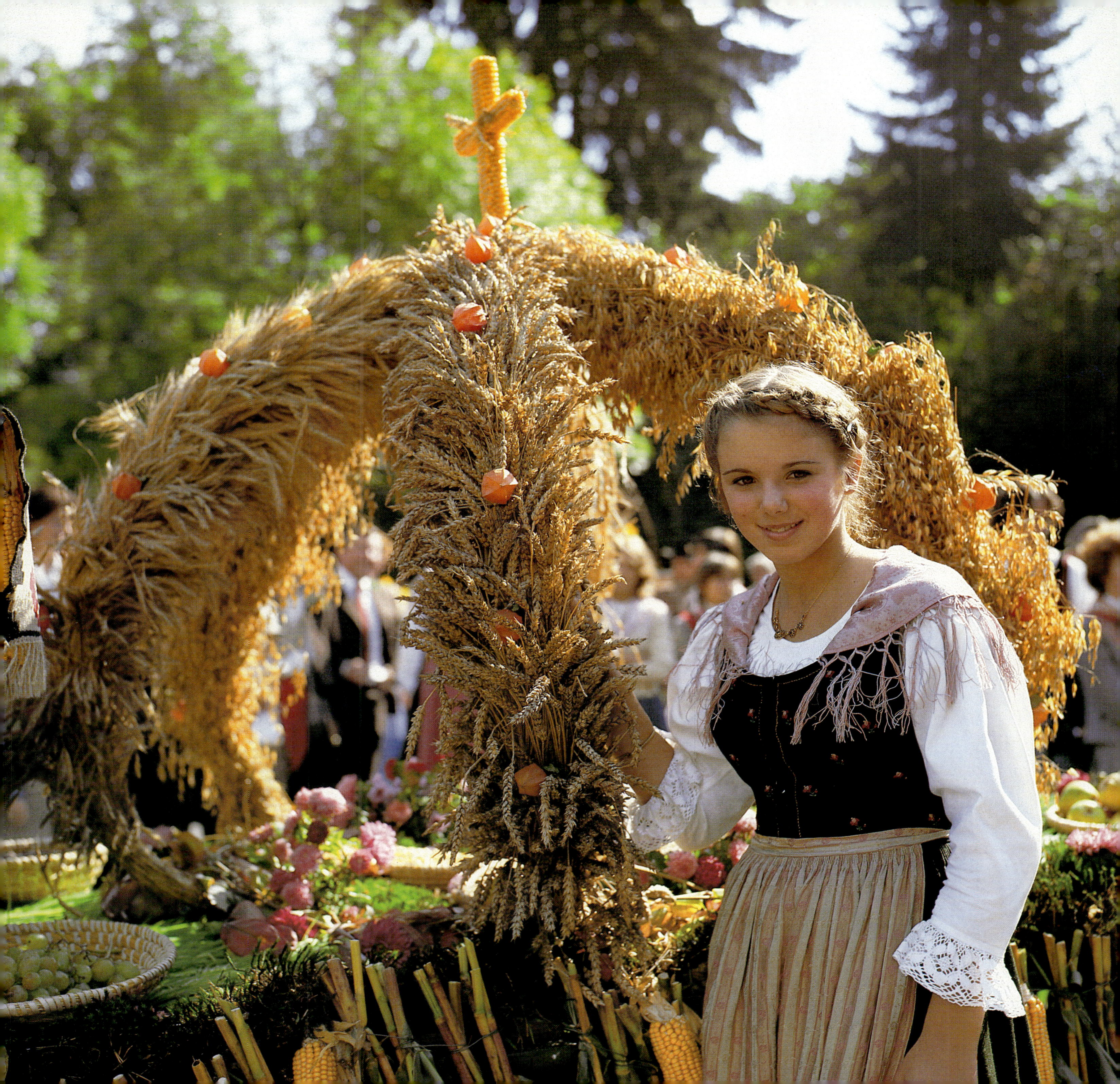

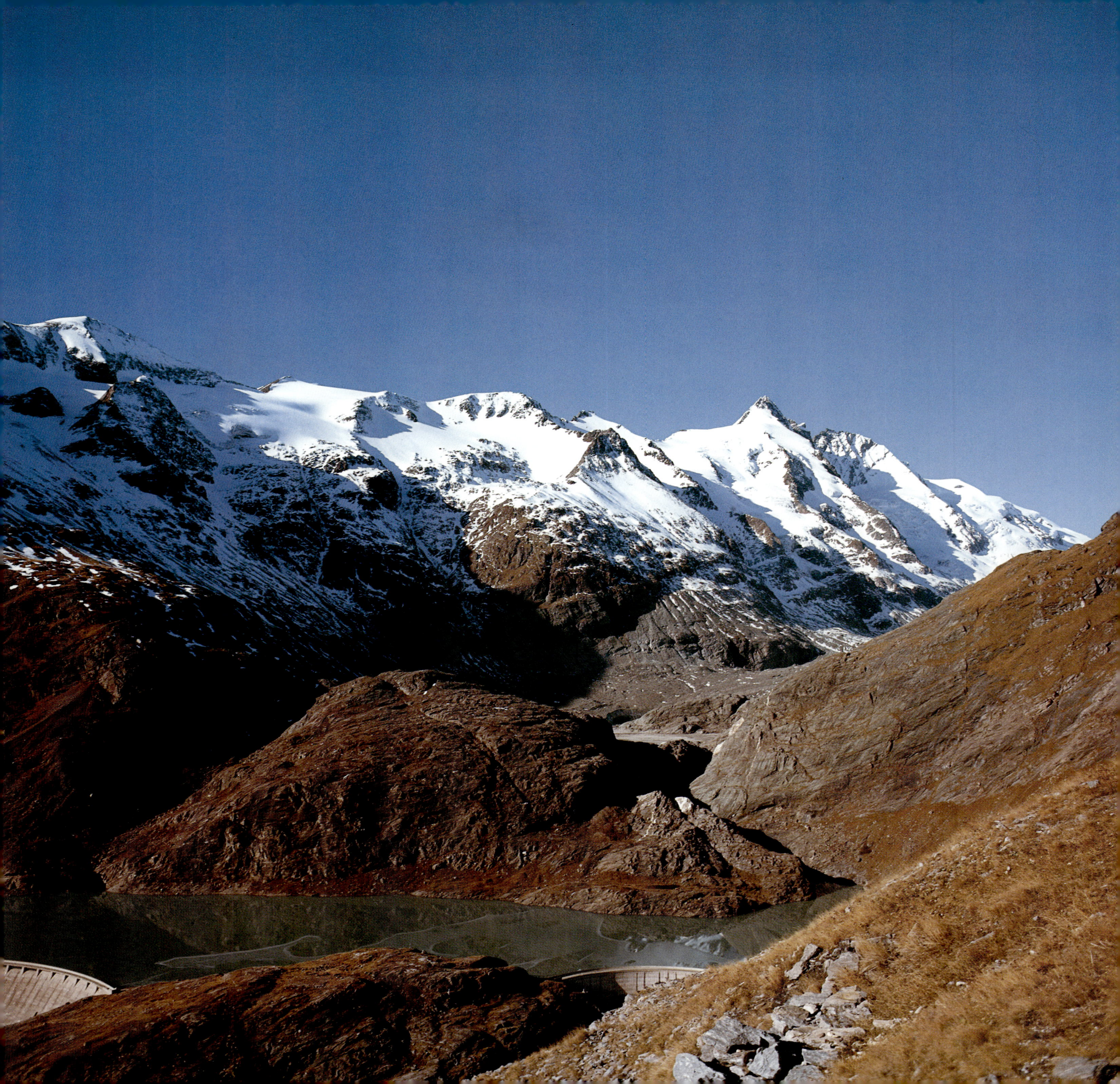

S. 54 Der Großglockner, Kärntens höchster Berg.
S. 55 Das herbstliche Heiligenblut mit dem Großglockner als imposanter Kulisse.

p. 54 The Großglockner, the highest mountain of Carinthia.
p. 55 Heiligenblut in autumn; in the background the famous Großglockner.

p. 54 Le Großglockner, la plus haute montagne de la Carinthie.
p. 55 Heiligenblut en automne; dans le fond le fameux mont Großglockner.

p. 54 Il Großglockner, il monte più alto della Carinzia.
p. 55 Heiligenblut in autunno; in fondo il famoso Großglockner.

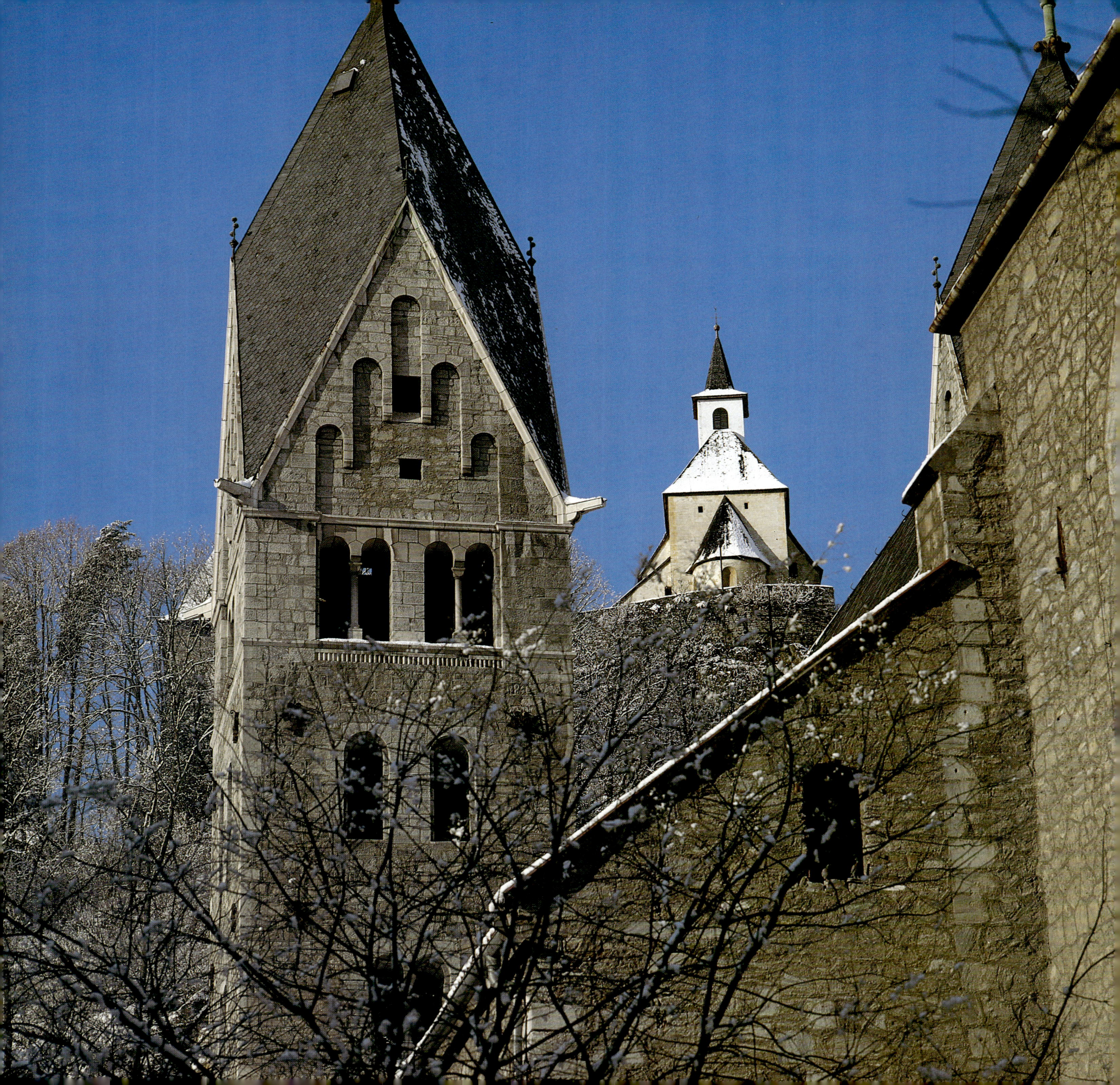

S. 56 Die romanische Basilika St. Barthlmä und das spätkarolingische St.-Peters-Kirchlein in Friesach.
S. 57 Das ehemalige Prämonstratenserstift Griffen.

p. 56 The Romanic basilica St. Barthlmä and the small late Carolingian Saint Peter's Church, Friesach.
p. 57 The former Griffen Convent.

p. 56 St. Barthlmä, une basilique romane, et Saint Pierre, une petite église carolingienne.
p. 57 L'ancien couvent de Griffen.

p. 56 La chiesetta carolinga di San Pietro e la basilica romanica di St. Barthlmä di Friesach.
p. 57 L'ex convento premostratense di Griffen.

S. 58 Bäuerliches Anwesen im Gailtal bei Hermagor.
S. 59 Winter in den Bergen (Heiligenblut).
S. 60 Die Streusiedlung Lamm (Saualpe) mit ihrer dem hl. Georg geweihten Kirche.

p. 58 A farm in the Gailtal near Hermagor.
p. 59 Winter in the mountains (Heiligenblut).
p. 60 Lamm (Saualpe), a small village with a church dedicated to Saint George.

p. 58 Une propriété fermière dans la Gailtal près de Hermagor.
p. 59 L'hiver dans les montagnes (Heiligenblut).
p. 60 La petite localité de Lamm (Saualpe) avec l'église de Saint George.

p. 58 Case rurali nella Gailtal presso Hermagor.
p. 59 Inverno in montagna (Heiligenblut).
p. 60 Il paese di Lamm (Saualpe) con la chiesa di San Giorgio.

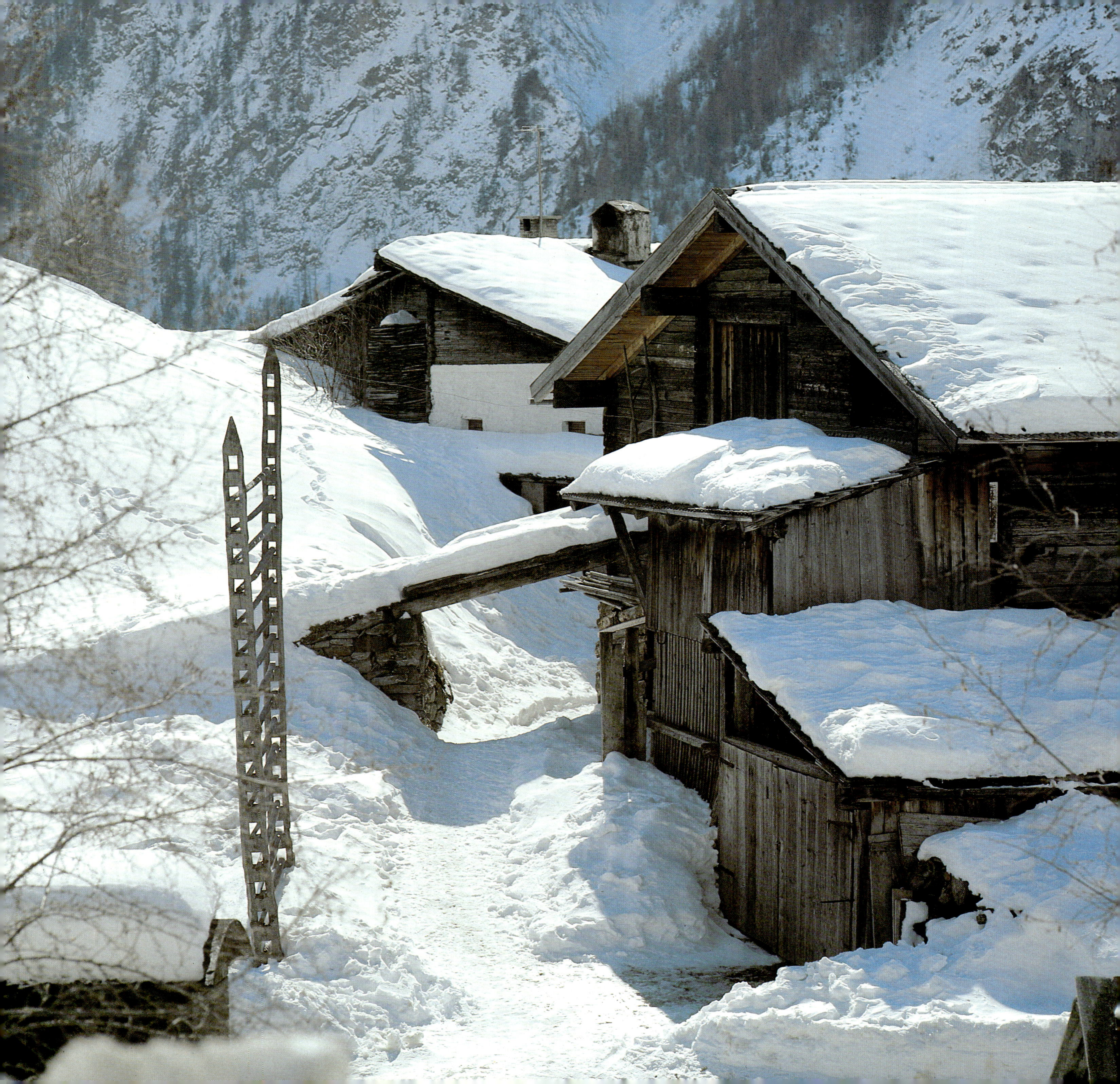

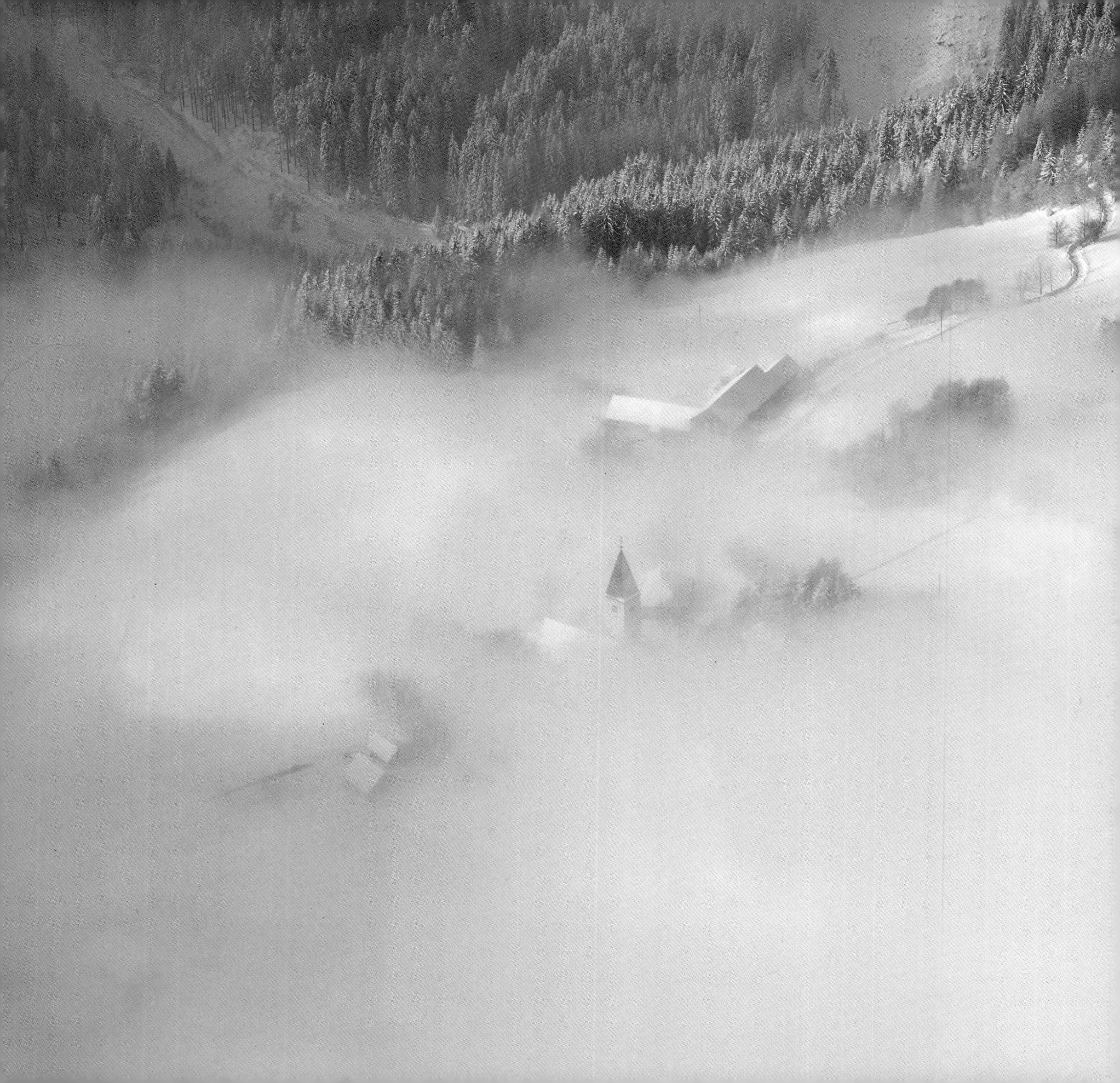

...UND SEINE LANDESHAUPTSTADT KLAGENFURT

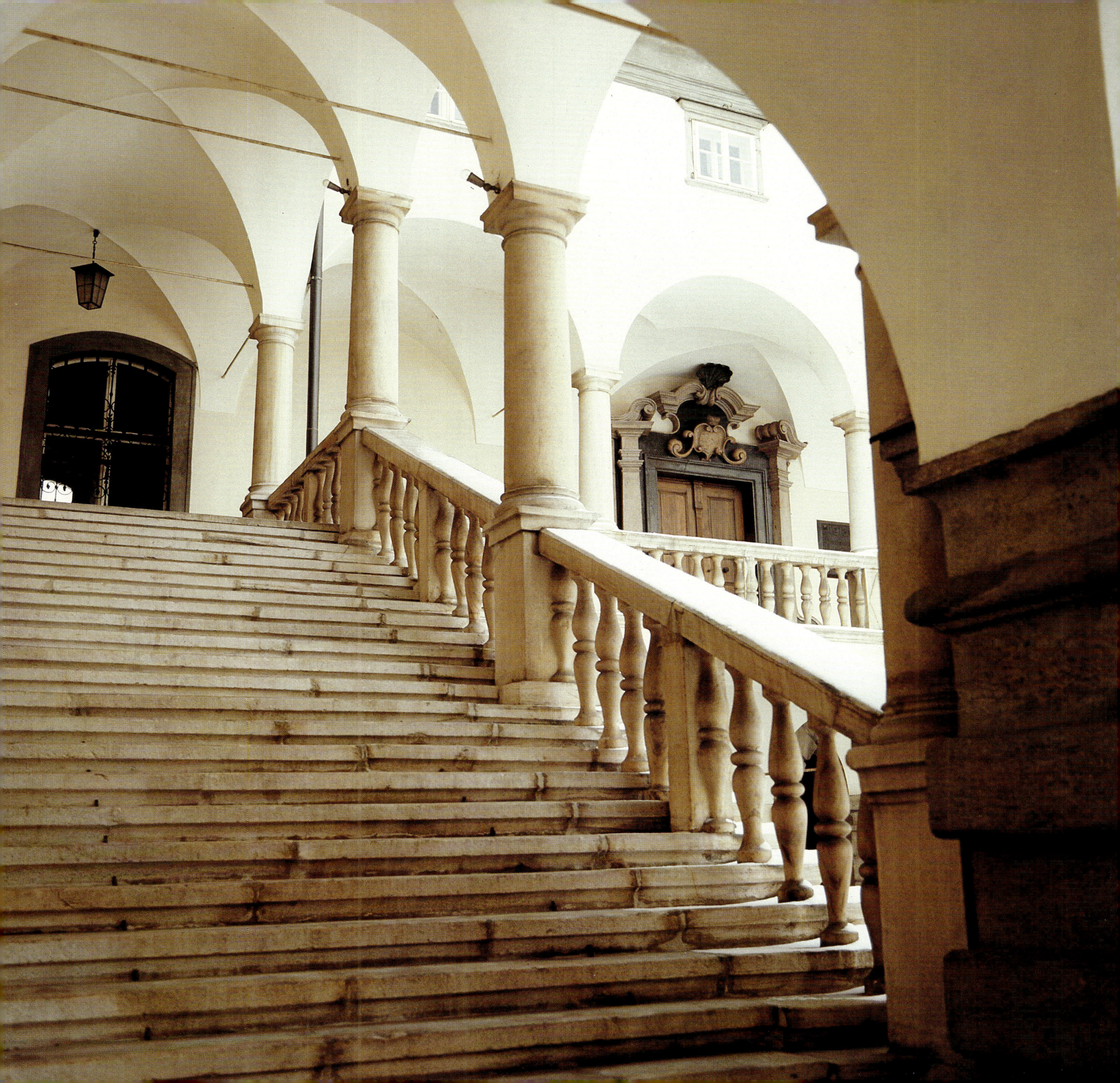

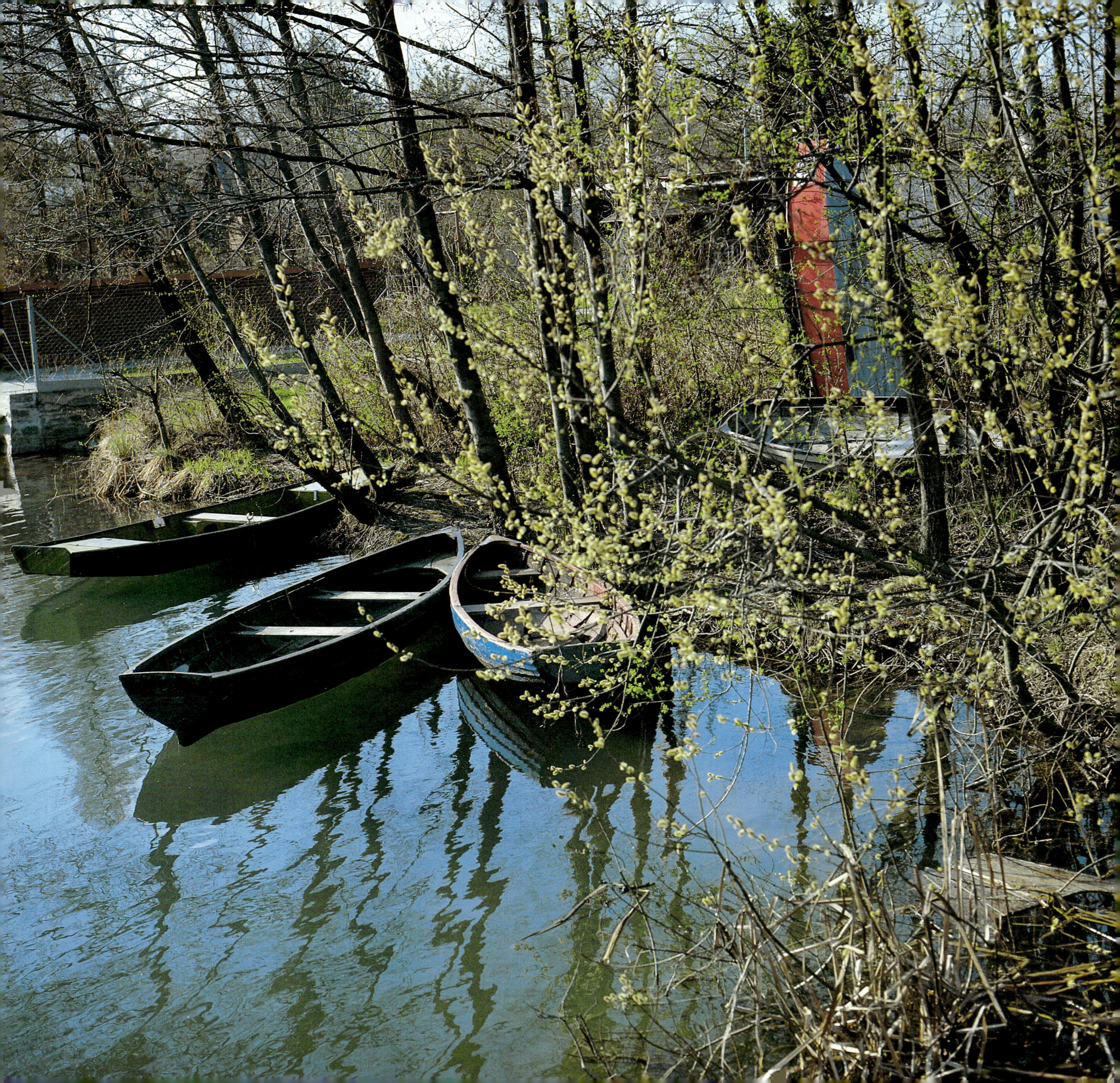

S. 63 Das Ende des 16. Jh.s errichtete Landhaus besitzt eine der schönsten Treppenanlagen der Stadt.

S. 64 Ein idyllisches Plätzchen am Abfluß des Wörthersees.

S. 65 Der Klagenfurter Wochenmarkt auf dem Benediktinerplatz erfreut sich großer Beliebtheit.

p. 63 The *Landhaus*, built towards the end of the 16th century, has one of the most beautiful staircases of the town.

p. 64 An idyllic little corner at the outlet of the Wörthersee.

p. 65 The weekly market on the *Benediktinerplatz* is very popular.

p. 63 Le *Landhaus*, construit vers la fin du XVIe siècle, possède un des plus beaux escaliers de la ville.

p. 64 Un lieu idyllique près du canal d'écoulement du Wörthersee.

p. 65 La marché de la semaine (*Benediktinerplatz*) est très populaire.

p. 63 Il *Landhaus*, eretto alla fine dell'500, possiede una delle più belle scalinate della città.

p. 64 Un posticino idillico presso l'emissario del Wörthersee.

p. 65 Il mercato settimanale in *Benediktinerplatz* è molto popolare e frequentato.

S. 66 Kinder bei der Palmbuschenweihe am Palmsonntag.
S. 67 Auch vor der Stadthauptpfarrkirche St. Egid läßt es sich gut plaudern.

p. 66 Children during the blessing of the palm leaves on Palm Sunday.
p. 67 A short chat in front of the parish church St. Egid.

p. 66 Des enfants pendant la cérémonie de la bénédiction des rameaux à la dimanche des rameaux.
p. 67 Une petite conversation devant l'église paroissiale St. Egid.

p. 66 Domenica delle palme: bambini in occasione della benedizione delle palme.
p. 67 Una chiacchieratina davanti alla chiesa parrocchiale di St. Egid.

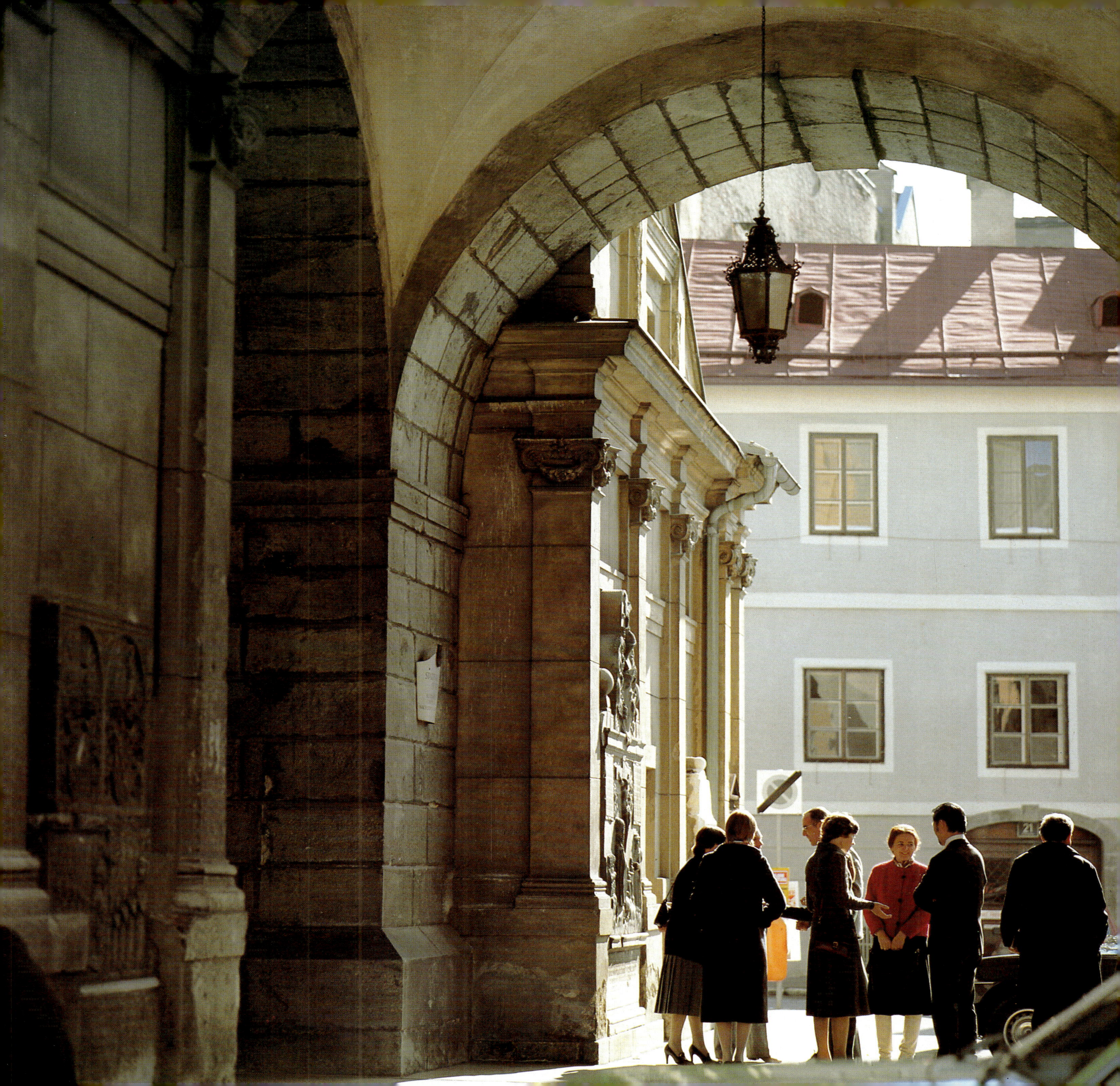

S. 68 Ein Ort des Friedens und der Besinnung inmitten der Hektik des Alltags: die Heiligengeistkirche.

S. 69 Die im Kern gotische Heiligengeistkirche wird bereits 1355 urkundlich erwähnt.

p. 68 A place of peace and contemplation in our hectic time: the *Heiligengeistkirche*.

p. 69 The *Heiligengeistkirche*, originally a Gothic church, is already mentioned in a document of the year 1355.

p. 68 Un lieu de la paix et de la contemplation en notre temps agité: la *Heiligengeistkirche*.

p. 69 La *Heiligengeistkirche*, originairement une église gothique, est déjà citée dans un document du 1355.

p. 68 Un luogo di pace e di contemplazione nel nostro tempo movimentato: la *Heiligengeistkirche*.

p. 69 La *Heiligengeistkirche*, in origine una chiesa gotica, è già menzionata in un documento dell'anno 1355.

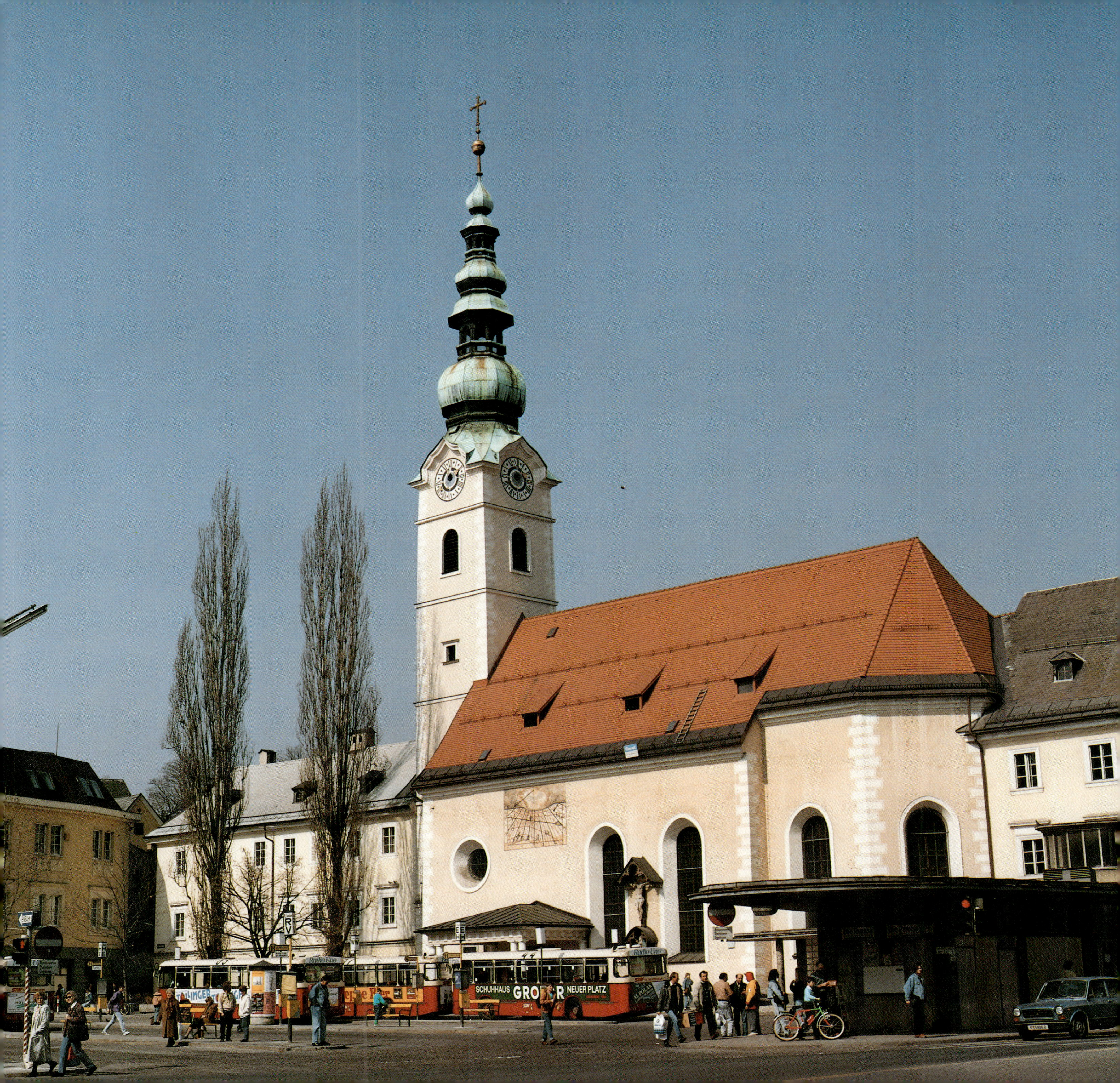
SCHUHHAUS
NEUER PLATZ

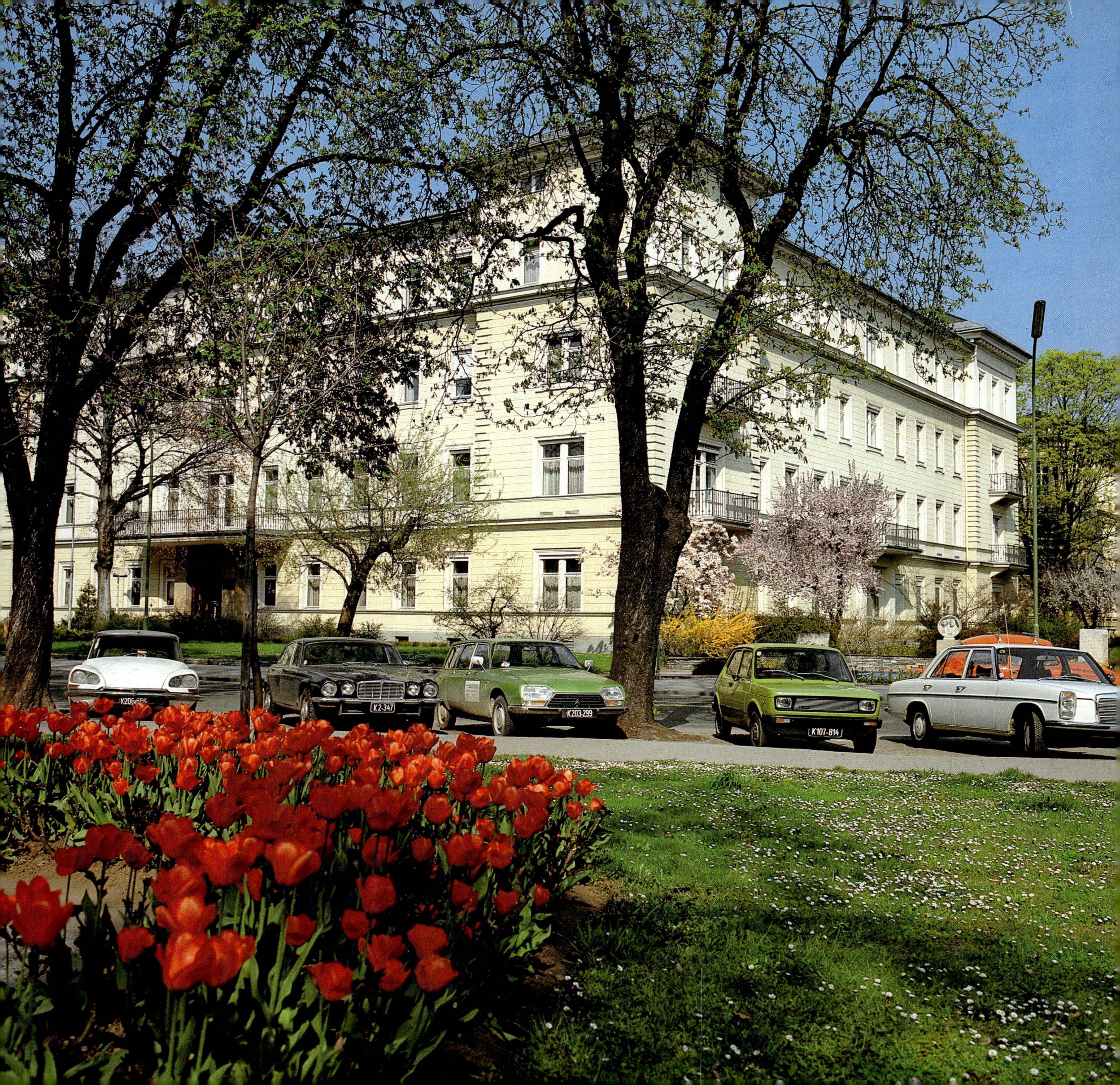
K2-347
K203-299
K107-814

S. 70 Der Sitz der Kärntner Landesregierung wurde in den siebziger Jahren des 19. Jh.s erbaut.
S. 71 Im Frühling stehen die Alleebäume in voller Blüte.

p. 70 The seat of the Provincial Governement of Carinthia, built in the seventies of the 19th century.
p. 71 In spring the trees of the avenues are in full bloom.

p. 70 La siège du gouvernement régional de la Carinthie, construite dans les années soixante-dix du XIXe siècle.
p. 71 En printemps tous les arbres des allées sont en fleur.

p. 70 Il palazzo del governo regionale della Carinzia è stato costruito negli anni settanta del secolo XIX.
p. 71 In primavera tutti gli alberi dei viali sono in fiore.

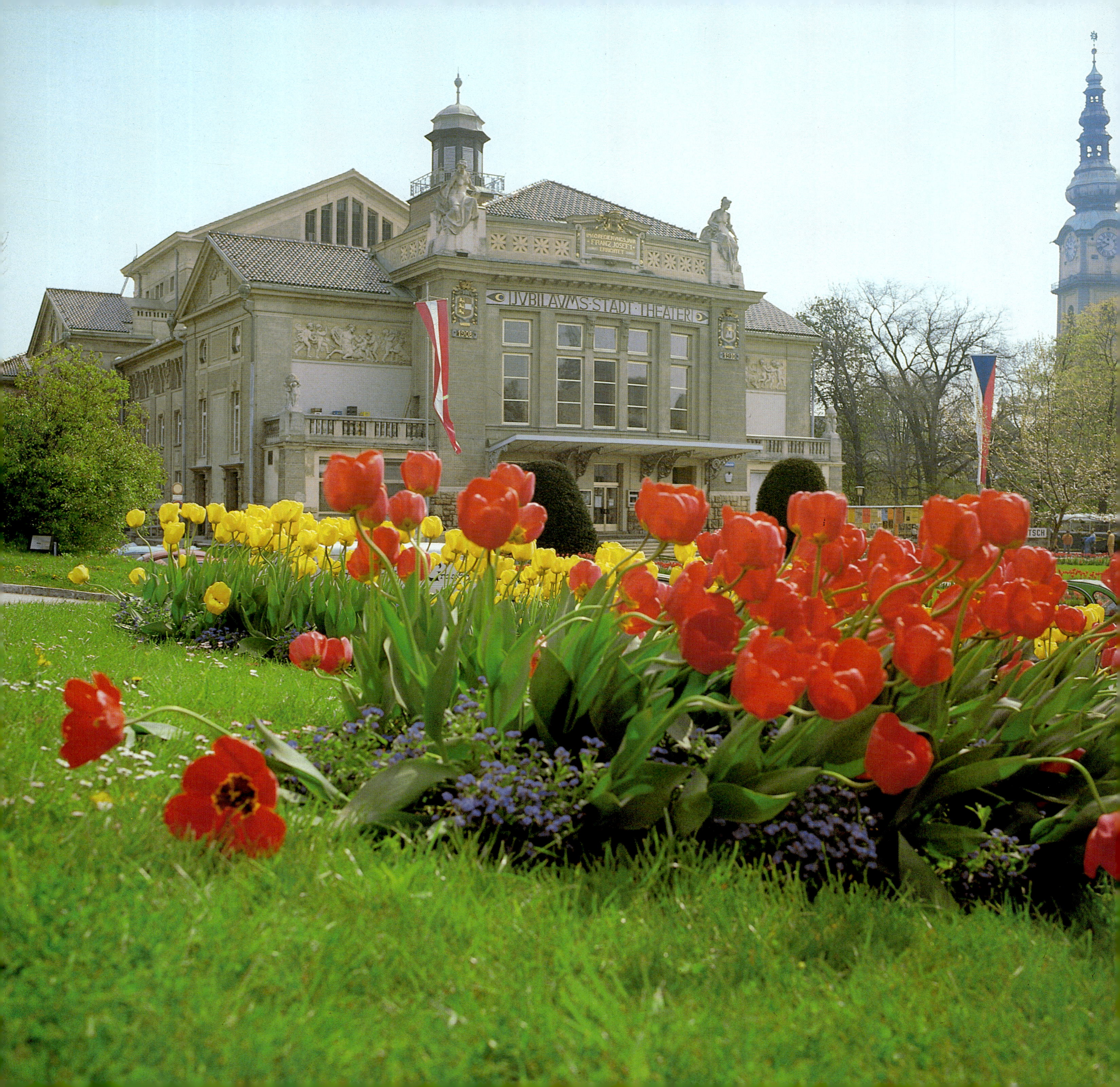
IVBILAVMS·STADT·THEATER
1908
1912

S. 72 Das Stadttheater von Klagenfurt wurde zwischen 1908 und 1910 erbaut.

S. 73 Zwischen dem Wörthersee und der Stadt Klagenfurt breitet sich der großzügig angelegte Europapark aus.

p. 72 The municipal theatre was built between 1908 and 1910.

p. 73 The *Europapark*, the largest park area of Klagenfurt, is situated between the lake and the town.

p. 72 Le théâtre municipal fut construit entre 1908 et 1910.

p. 73 L'*Europapark*, le plus grand parc de Klagenfurt, est situé entre le lac et la ville.

p. 72 Il teatro comunale è stato costruito fra il 1908 ed il 1910.

p. 73 L'*Europapark*, il più grande giardino pubblico di Klagenfurt, si trova fra il lago e la città.

HOTEL

S. 74 Der eindrucksvolle Jugendstilbau des Hotels Moser-Verdino.

S. 75 Thalia, die Muse der heiteren Dichtkunst und des Lustspiels, ziert das Klagenfurter Stadttheater.

p. 74 An impressive building of the years of the so-called *Jugendstil*: the Hotel Moser-Verdino.

p. 75 Thalia, the muse of comedy, adorns the building of the municipal theatre of Klagenfurt.

p. 74 L'Hôtel Moser-Verdino, un édifice impressionant de la période du stile 1900.

p. 75 Thalia, la muse de la comédie, orne l'édifice du théâtre municipal de Klagenfurt.

p. 74 L'Hotel Moser-Verdino, un impressionante palazzo dello stile liberty.

p. 75 Thalia, la musa della commedia, orna l'edificio del teatro comunale di Klagenfurt.

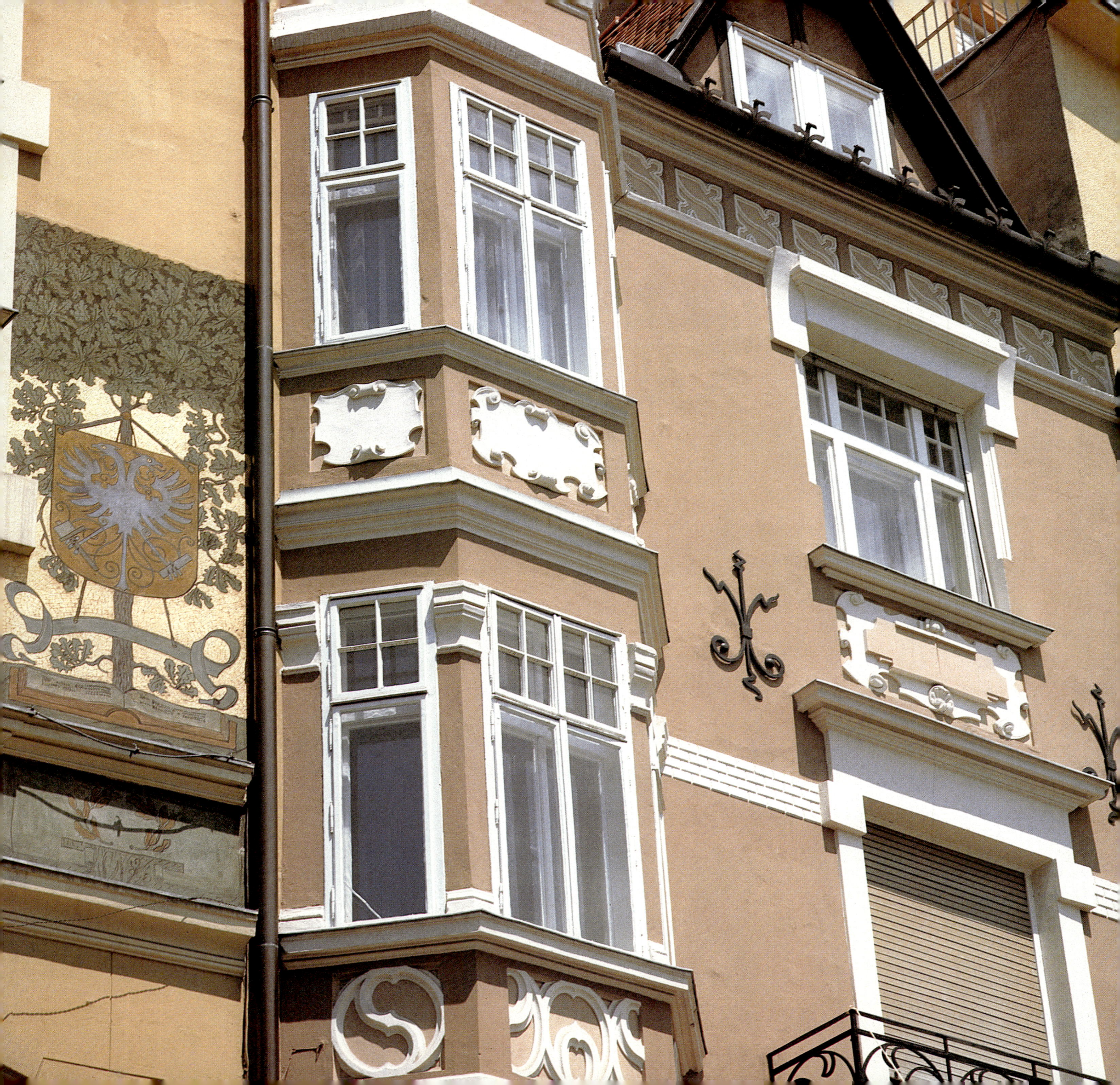

S. 76 Die Fassaden der alten Gebäude der Innenstadt wurden fachkundig renoviert.
S. 77 Das Wappen des Bischofs von Gurk ziert die Einfahrt zur Bischöflichen Residenz.

p. 76 An example of the successful renovation of the façades in the town centre.
p. 77 The coat of arms of the Bishop of Gurk adorns the gateway to the episcopal residence.

p. 76 Un exemple de la restauration des façades du céntre de la ville.
p. 77 Le blason des évêques de Gurk orne le portail du palais épiscopal.

p. 76 Un esempio ben riuscito del restauro delle facciate nel centro della città.
p. 77 Lo stemma del vescovo di Gurk adorna il portone della sede vescovile della Carinzia.

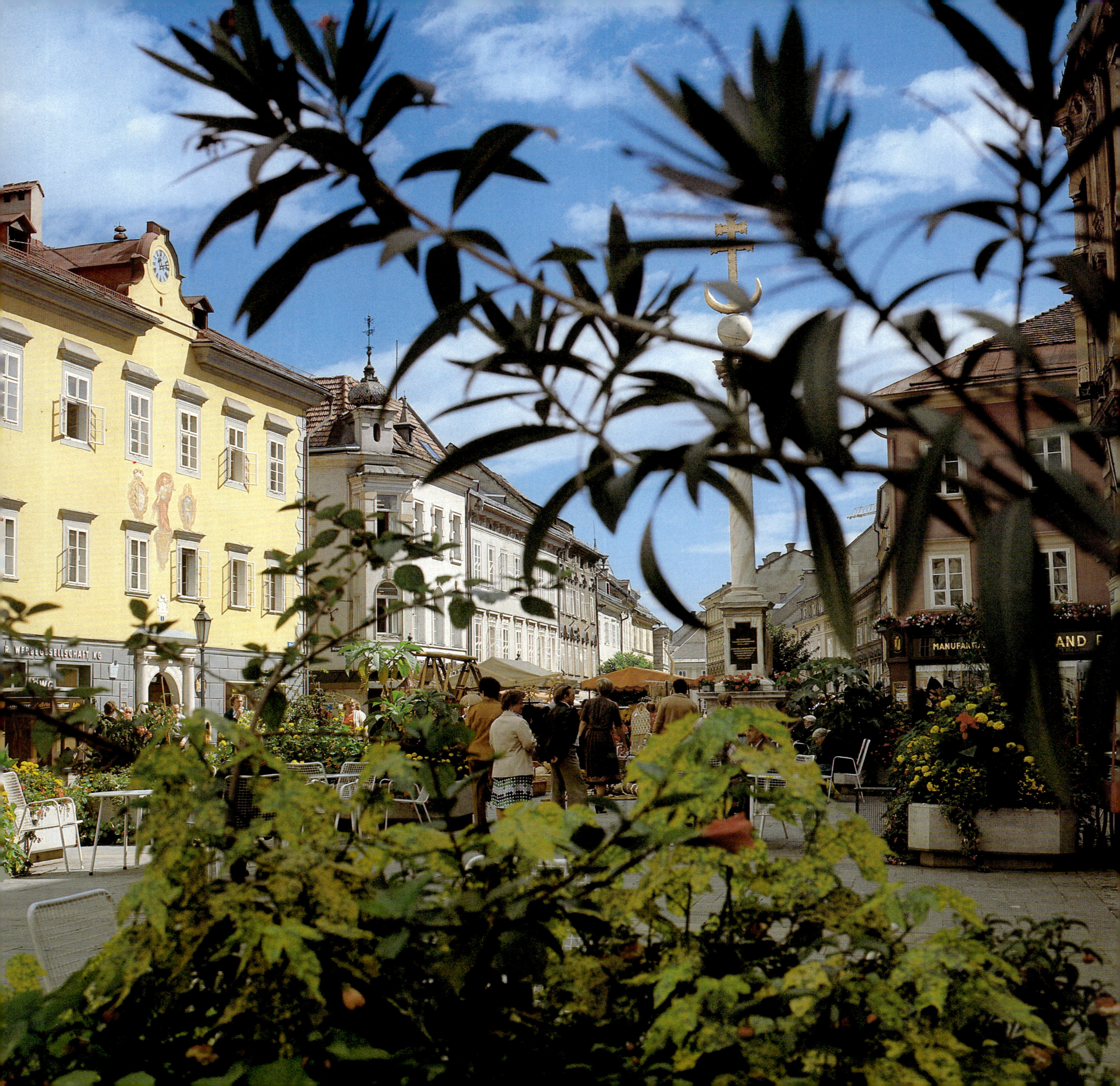
WERBEGESELLSCHAFT KG

S. 78 Der Alte Platz ist heute Fußgängerzone mit einladenden Kaffeehäusern und Geschäften.

S. 79 Klagenfurts Silhouette ist von den Zwiebeltürmen der Kirchen geprägt.

p. 78 Today the place *Alter Platz* with its inviting shops and coffee-houses is reserved to pedestrians only.

p. 79 The skyline of Klagenfurt is characterized by the bulb-shaped steeples of the churches.

p. 78 Aujourd'hui la place *Alter Platz* est une zone piétonne avec des boutiques et des pâtisseries engageantes.

p. 79 La silhouette de Klagenfurt est caractérisée par les clochers à bulbe des églises.

p. 78 Oggigiorno la piazza *Alter Platz* è una zona pedonale con botteghe e bar accoglienti.

p. 79 La silueta di Klagenfurt è caratterizzata dai campanili con tetto a bulbo delle chiese.

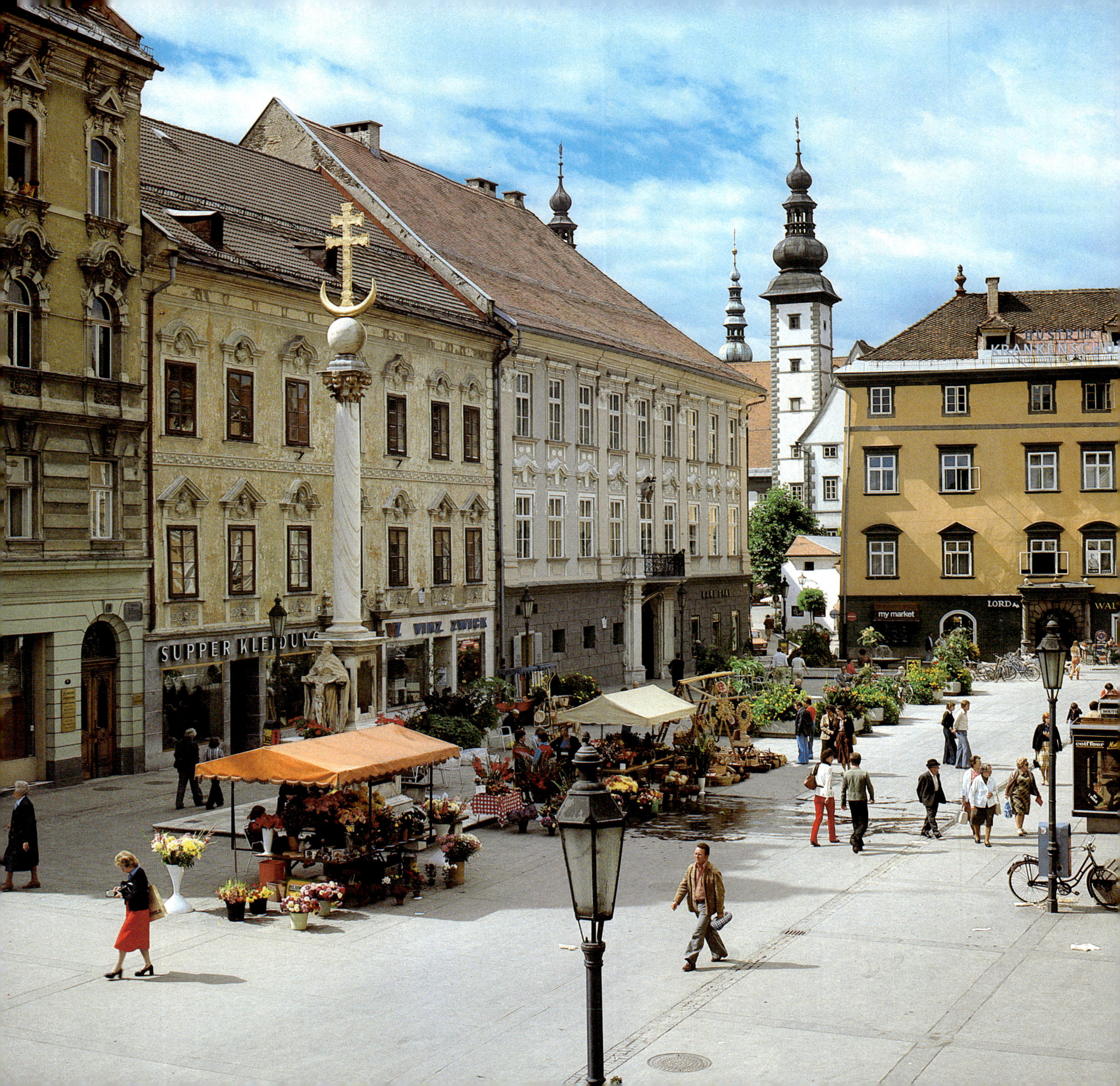
SUPPER KLEIDUN
my market
LORD

S. 80 Der Alte Platz mit der Pestsäule und dem Haus zur Goldenen Gans; im Hintergrund das Landhaus.

S. 81 Blick auf die Altstadt mit der Stadthauptpfarrkirche und dem Landhaus.

p. 80 The place *Alter Platz* with the column to commemorate the plague, the house *Zur Goldenen Gans*, and, in the background, the *Landhaus*.

p. 81 Bird's eye view of the historical town centre with the parish church and the *Landhaus*.

p. 80 La place *Alter Platz* avec la colonne commémorative de la peste, la maison *Zur Goldenen Gans* et, dans le fond, le *Landhaus*.

p. 81 Vue à vol d'oiseau du centre historique de la ville avec l'église paroissiale et le *Landhaus*.

p. 80 La piazza *Alter Platz* con la colonna commemorativa della peste e la casa *Zur Goldenen Gans*; in fondo il *Landhaus*.

p. 81 Panorama del centro storico della città, visto dall'alto, con la chiesa parrocchiale ed il *Landhaus*.

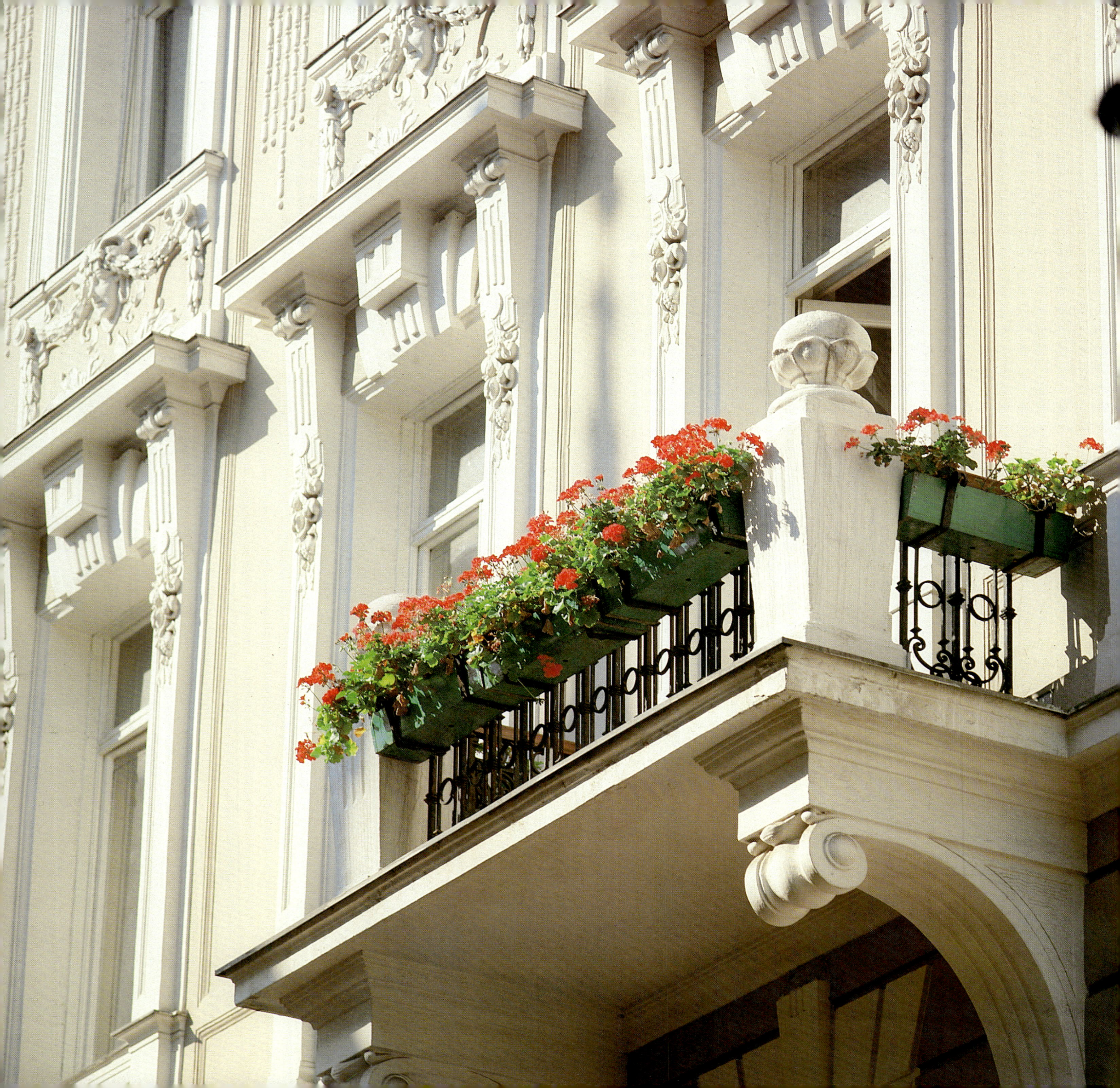

S. 82 Blumengeschmückt sind die Balkone und Fenster der dekorativen Altstadtfassaden.

S. 83 Detail des 300 Jahre alten Marienbrunnens im ehemaligen Zisterzienserstift Viktring.

p. 82 Flowers adorn balconies and windows of the magnificent housefronts in the town centre.

p. 83 A detail of the *Marienbrunnen* – 300 years old – in the former Cistercian monastery of Viktring.

p. 82 Des fleurs ornent les balcons et les fenêtres des magnifiques façades des maisons du centre de la ville.

p. 83 Le *Marienbrunnen* – ici un détail – de l'ancien monastère de Cisterciens de Viktring remonte à 300 ans.

p. 82 Nel centro storico della città le belle facciate delle case sono adornate di fiori.

p. 83 Il *Marienbrunnen* nell'ex monastero cistercense di Viktring, del quale ci presentiamo un particolare, ha ormai un'età di 300 anni.

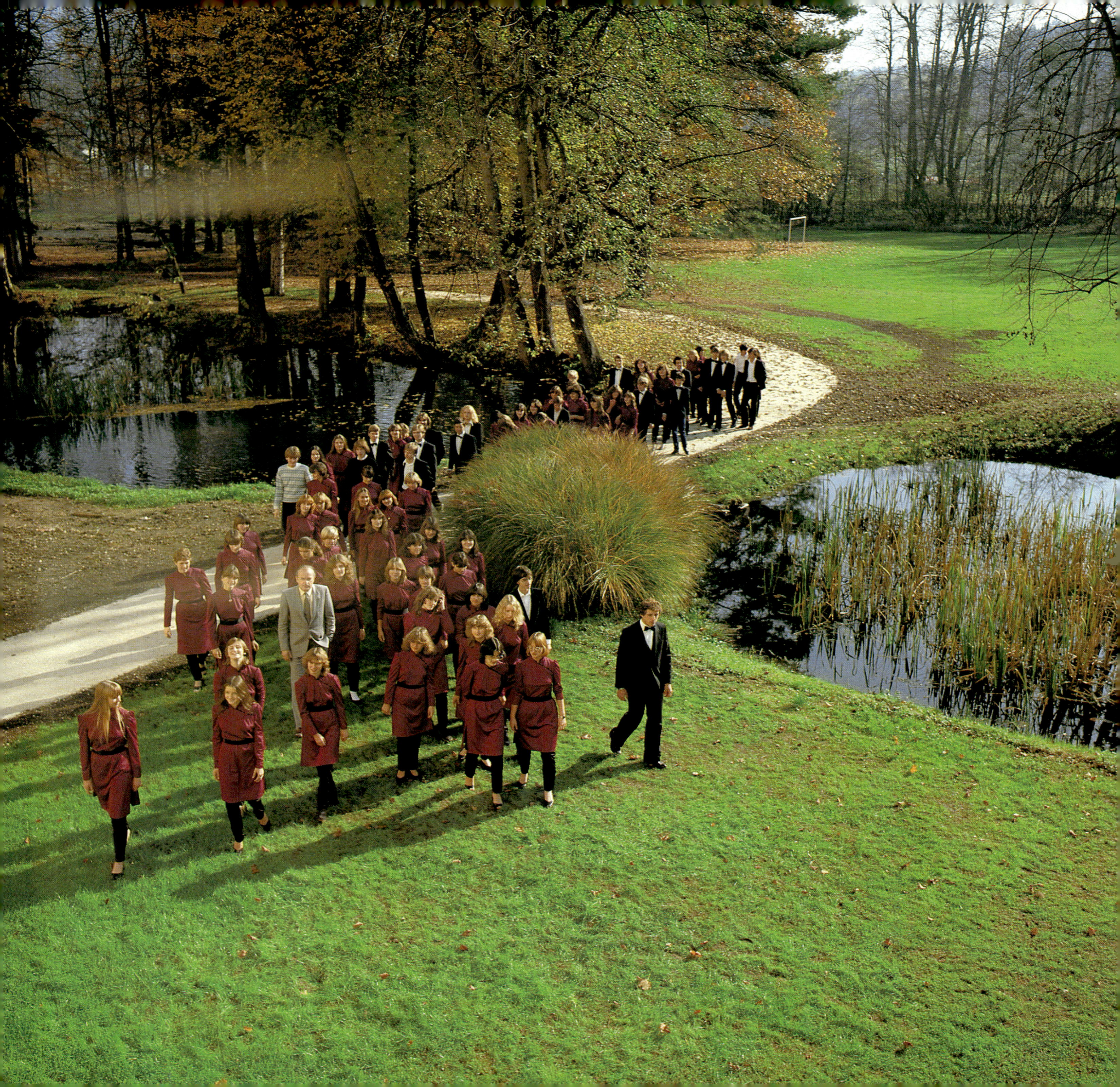

S. 84 Der Chor des Musikgymnasiums in Viktring ist weit über Klagenfurt hinaus bekannt.

S. 85 Jung und alt genießt Klagenfurts größtes Erholungsgebiet, das Kreuzbergl.

p. 84 The choir of the *Musikgymnasium* in Viktring is known far beyond the Klagenfurt area.

p. 85 Young and old enjoy the capital's largest recreation area, the Kreuzbergl.

p. 84 Le choeur du Lycée de Musique à Viktring est célèbre en dehors de Klagenfurt.

p. 85 Jeunes et vieux savent jouir du Kreuzbergl, le vaste champ de récréation.

p. 84 Il coro del liceo musicale a Viktring è conosciuto anche fuori di Klagenfurt.

p. 85 Giovani e vecchi godono le possibilità di recreazione sul Kreuzbergl.

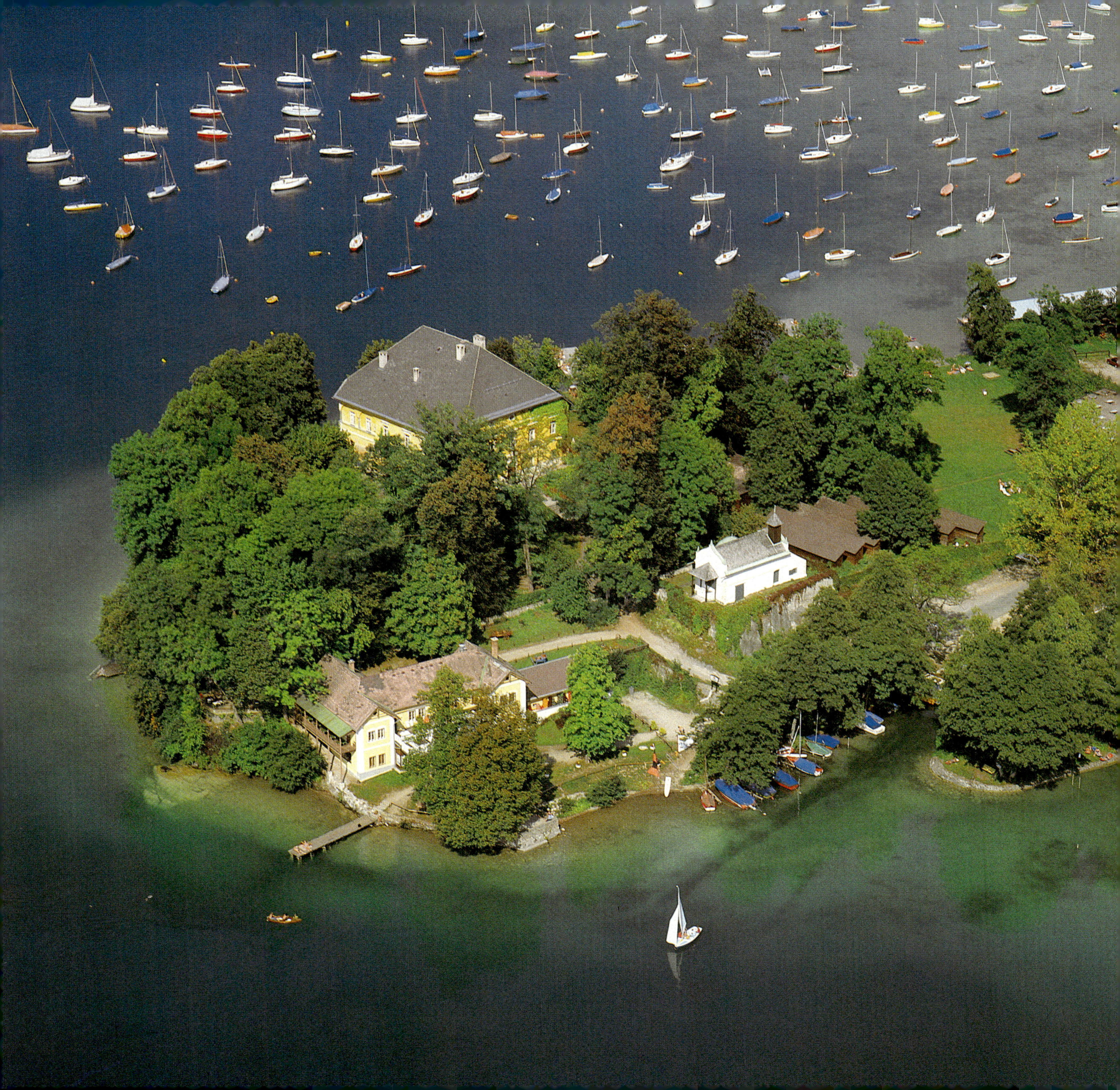

S. 86 Wo der Lendkanal in den Wörthersee mündet, befindet sich das Schloß Maria Loretto. Die südlich gelegene Kapelle ist Ausgangspunkt der Marienschiffsprozession am Abend des Festes Mariä Himmelfahrt.

p. 86 Maria Loretto Castle can be found where the *Lendkanal* flows into the Wörthersee. The chapel in the south of the castle is the starting point of the procession on the lake in honour of the Blessed Virgin at the evening of the Assumption Day.

p. 86 Le château de Maria Loretto est situé à l'embouchure du *Lendkanal* dans le Wörthersee. La chapelle au sud du château est le point de dèpart de la procession à bord des bateaux en honneur de la Sainte Vierge le soir de la fête de l'Assumption.

p. 86 Dove il *Lendkanal* sbocca nel Wörthersee, si trova il castello di Maria Loretto. La capella a sud del castello è il punto di partenza della processione sul lago in onore della Santa Vergine alla sera della festa dell'Assunzione.

S. 87/88 Der Wörthersee bietet eine breite Palette an Möglichkeiten der Freizeitgestaltung.

p. 87/88 The Wörthersee offers a great variety of sporting and recreational activities.

p. 87/88 Le Wörthersee offre des nombreuses possibilités pour l'organisation des loisirs et le sport.

p. 87/88 Il Wörthersee offre diverse possibilità di godere il tempo libero e di praticare lo sport.

S. 89 Klagenfurts Strandbad in der Ostbucht des Wörthersees ist ein beliebter Treffpunkt.

p. 89 The town's public bathing beach at the eastern end of the Wörthersee is attracting young and old.

p. 89 La plage municipale dans la baie est du Wörthersee est un centre d'attraction pour jeunes et vieux.

p. 89 Lo stabilimento balneare della città di Klagenfurt nella baia orientale del Wörthersee è un punto d'attrazione per giovani e vecchi.

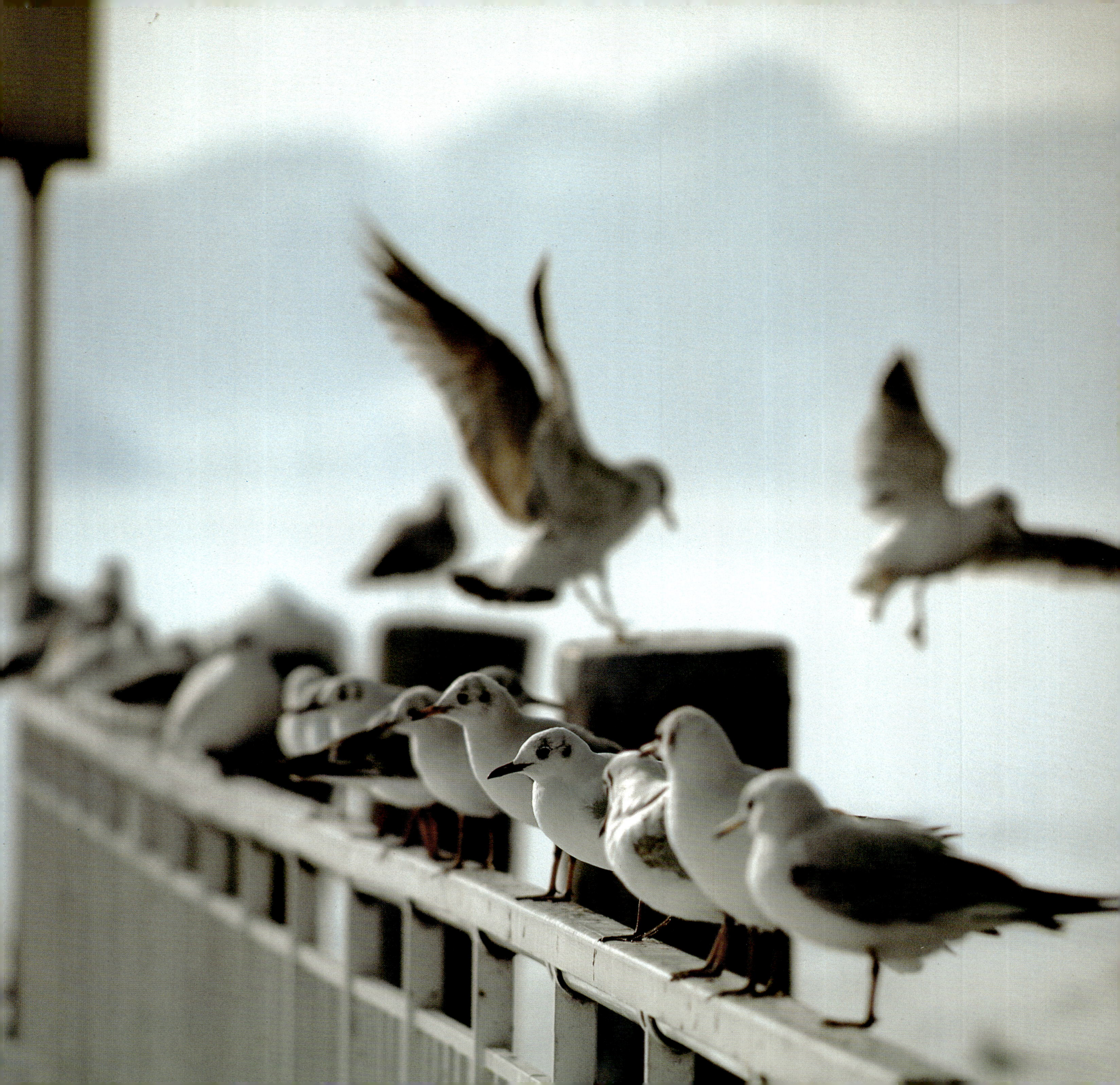

S. 90 Der Landungssteg der Wörthersee-Schiffe ist ein beliebter Tummelplatz der Möwen.

S. 91 Auf dem Friedhof Klagenfurt-Annabichl sind die possierlichen Eichhörnchen sehr zutraulich geworden.

p. 90 The landing stage of the Wörthersee steamers is a favorite stamping ground of gulls.

p. 91 Squirrels are unafraid in the cementary of Klagenfurt-Annabichl.

p. 90 L'embarcadère des bateaux du Wörthersee est un rendezvous favori des mouettes.

p. 91 Les écureuils du cimetière de Klagenfurt-Annabichl sont très doux.

p. 90 Il ponte d'approdo delle navi del Wörthersee è un luogo di riunione prediletto dei gabbiani.

p. 91 Gli scoiattoli del cimitero di Klagenfurt-Annabichl sono tutt'altro che timidi.

S. 92 Klagenfurt ist umgeben von zahlreichen Herrensitzen und Schlössern, eines davon ist Schloß Krastowitz im Nordosten der Stadt.

S. 93 Anhänger des Reitsports nützen die umliegenden Wiesen und Wälder gerne zu einem Ausritt.

p. 92 Klagenfurt is surrounded by numerous castles and mansions, for instance Krastowitz Castle in the north-east of the city.

p. 93 Riding across the fields and through the woods in the surroundings of Klagenfurt has become a popular sport.

p. 92 Tout autour de Klagenfurt se trouvent beaucoup des châteaus et des mansions, par exemple au nord est le Château de Krastowitz.

p. 93 Chevaucher à travers champs et forêts est devenu un sport populaire.

p. 92 Klagenfurt è circondata da castelli e case signorili, come per esempio il castello di Krastowitz a nord-est della città.

p. 93 Cavalcare attraverso i prati ed i boschi nei dintorni di Klagenfurt è diventato uno sport popolare.

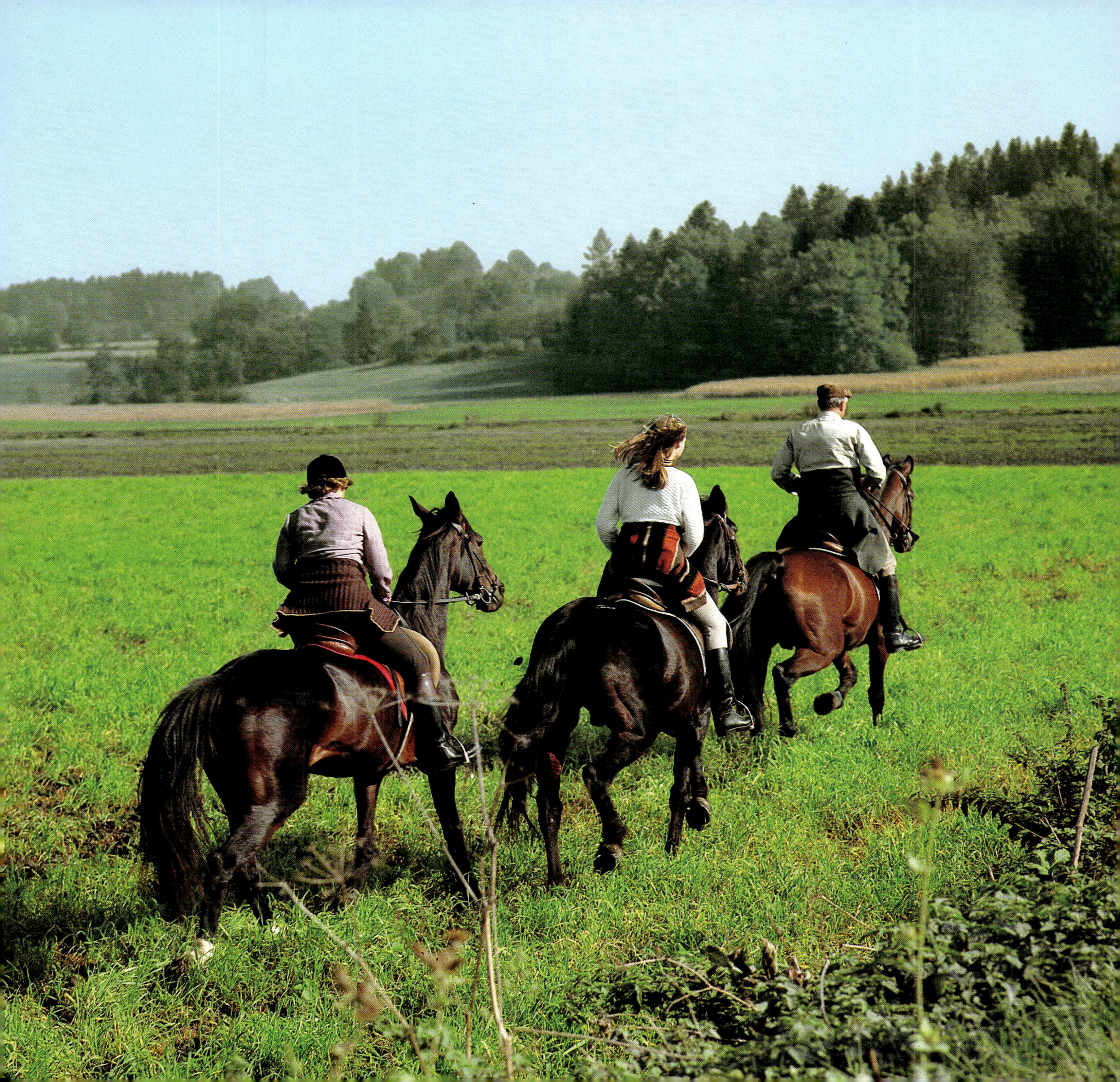

S. 94 Minimundus, die kleine Stadt am Wörthersee, lockt zahlreiche Besucher an von nah und fern.

p. 94 Minimundus, the little world near the Wörthersee, attracts visitors from all over the world.

p. 94 Minimundus, le monde en miniature près du Wörthersee, attire des visiteurs de tout le monde.

p. 94 Minimundus, il piccolo mondo sul Wörthersee, è un'attrazione per moltissimi visitatori di tutto il mondo.

94

S. 95 Der Vergnügungspark während der Klagenfurter Messe bei Nacht.

p. 95 Night-life in the amusement park during the Fair of Klagenfurt.

p. 95 Le parc d'attraction, la nuit, pendant la Foire de Klagenfurt.

p. 95 Vita notturna nel parco dei divertimenti della Fiera di Klagenfurt.

S. 96 Der Lendkanal bietet im Herbst einen besonders malerischen Anblick.
S. 97 Klagenfurts vielfotografiertes Wahrzeichen ist der Lindwurmbrunnen mit dem Herkules auf dem Neuen Platz.

p. 96 In autumn the *Lendkanal* is very picturesque.
p. 97 Klagenfurt's heraldic animal, the *Lindwurm*, with the Hercules on *Neuer Platz*.

p. 96 Une image pittoresque du *Lendkanal* en automne.
p. 97 L'emblème de Klagenfurt, le dragon, avec Hercule sur la *Neue Platz*.

p. 96 Un'immagine pittoresca del *Lendkanal* in autunno.
p. 97 L'emblema di Klagenfurt, il drago, con Ercole in *Neuer Platz*.

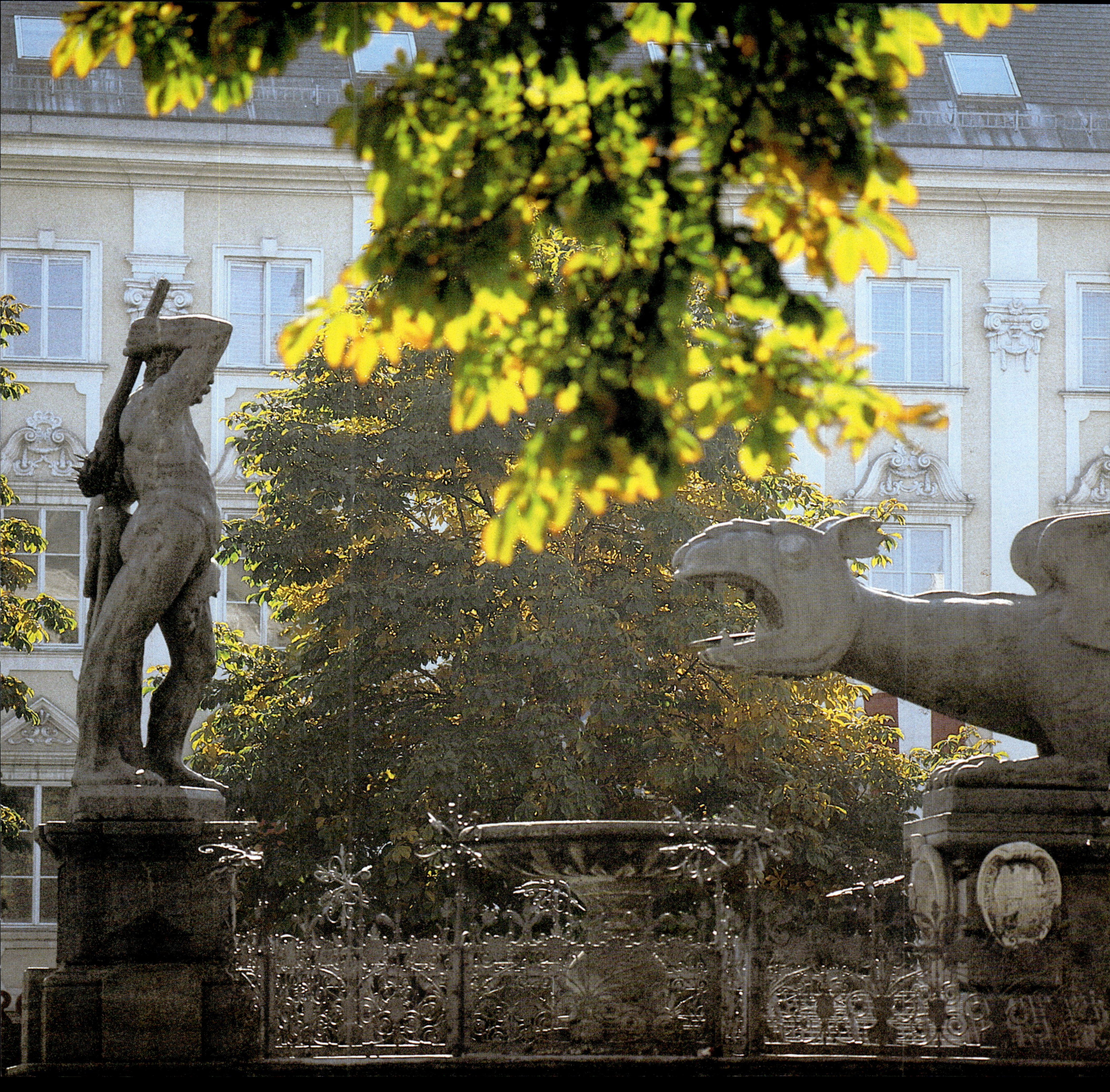

S. 98 Seit 1873 steht diese Bronzestatue Maria Theresias auf dem Neuen Platz.

S. 99 Die Kapuzinerkirche in der Bahnhofstraße wurde 1649 durch Bischof Franz von Lodron geweiht.

p. 98 The monument of bronce to Maria Theresia on *Neuer Platz* dates back to the year 1873.

p. 99 The *Kapuzinerkirche* – Bahnhofstraße – was consecrated by Bishop Franz von Lodron in the year 1649.

p. 98 La statue de Marie-Thérèse d'Autriche se trouve sur la *Neue Platz* depuis l'an 1873.

p. 99 La *Kapuzinerkirche* – Bahnhofstraße – a été consacrée du évêque Franz von Lodron en 1649.

p. 98 Il monumento di bronzo a Maria Teresa d'Austria si trova in *Neuer Platz* già dall'anno 1873.

p. 99 La *Kapuzinerkirche* – Bahnhofstraße – è stata consacrata dal vescovo Franz von Lodron nell'anno 1649.

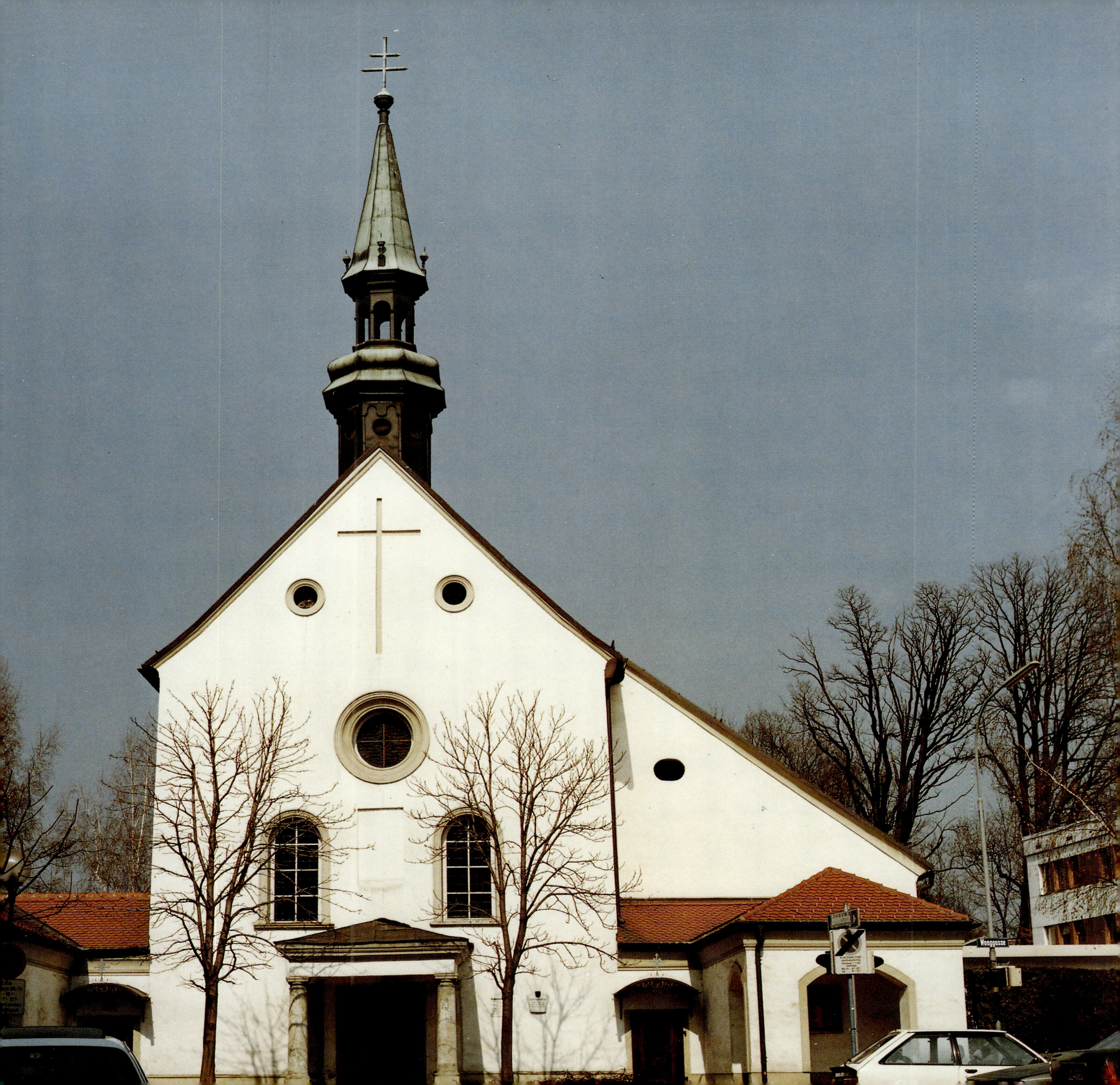

S. 100 Erzherzogin Marianna, Tochter Maria Theresias, verbrachte ihren Lebensabend im heutigen bischöflichen Palais.

S. 101 Eine der schönsten alten Apotheken Klagenfurts befindet sich im Kloster der Elisabethinen.

p. 100 Archduchess Marianne, daughter of Maria Theresia, spent the eve of her life in the present episcopal residence of Klagenfurt.

p. 101 One of the most beautiful pharmacies of Klagenfurt can be found in the *Elisabethinenkloster*.

p. 100 L'archiduchesse Marianne, la fille de Marie-Thérèse, a passé la fin de sa vie à Klagenfurt dans le prèsent palais épiscopal.

p. 101 Une des plus belles pharmacies de Klagenfurt se trouve dans le *Elisabethinenkloster*.

p. 100 L'arciduchessa Marianna, figlia di Maria Teresa, passò gli ultimi anni della sua vita nella presente sede vescovile a Klagenfurt.

p. 101 Una delle farmacie più belle di Klagenfurt si trova nel convento delle Elisabettine.

CORT ALCORNOQ
CORNU CERVI USTUM
GUM AMONIACUM
GUM ARABICUM ELECTUM
SULFAS ZINCI
SYR CINNAMOMI
AQ: CERASOR NIGROR
RAD ZEDOAR
AQ CITRI
AQ CEREFOLII
ACET COLCHICI
SPIR LAVAND
HERB SERPYLLI
HERB FOENICULI
HERB ARNICÆ

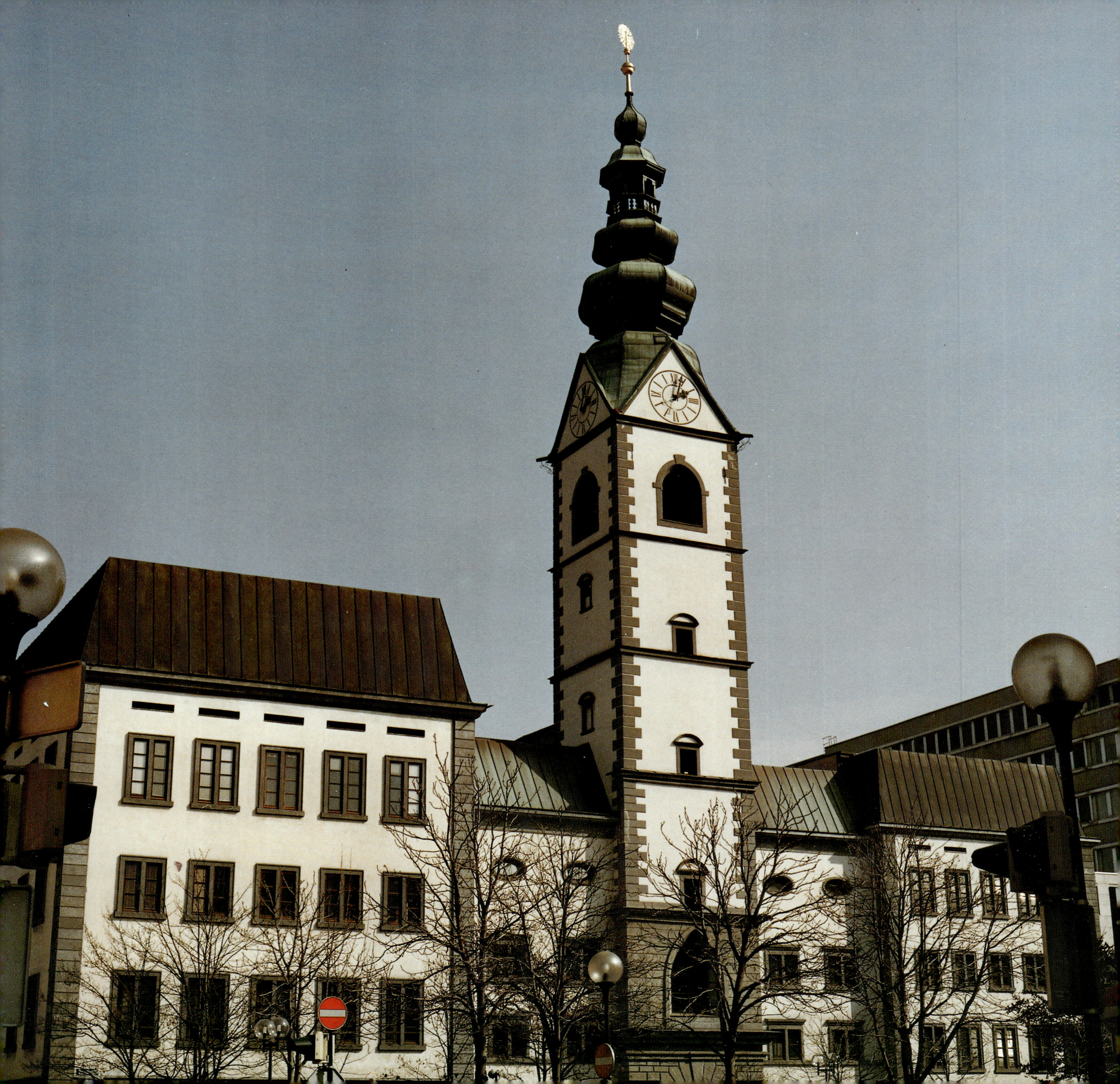

S. 102 Die Dom- und Stadtpfarrkirche Hll. Petrus und Paulus wurde im 16. Jh. erbaut.

S. 103 Blick vom Landhaus zur Stadthauptpfarrkirche St. Egid.

p. 102 The cathedral, dedicated to St. Petrus and St. Paulus, was built in the 16th century.

p. 103 View from the *Landhaus* over to the parish church.

p. 102 La cathédrale, dédiée à Saint Pierre et à Saint Paul, a été construite dans le XVIe siècle.

p. 103 Vue sur le clocher de l'église paroissiale prise de la *Landhaus*.

p. 102 Il duomo, dedicato a San Pietro ed a San Paolo, è stato costruito nel secolo XVI.

p. 103 Il campanile della chiesa parrocchiale visto dal *Landhaus*.

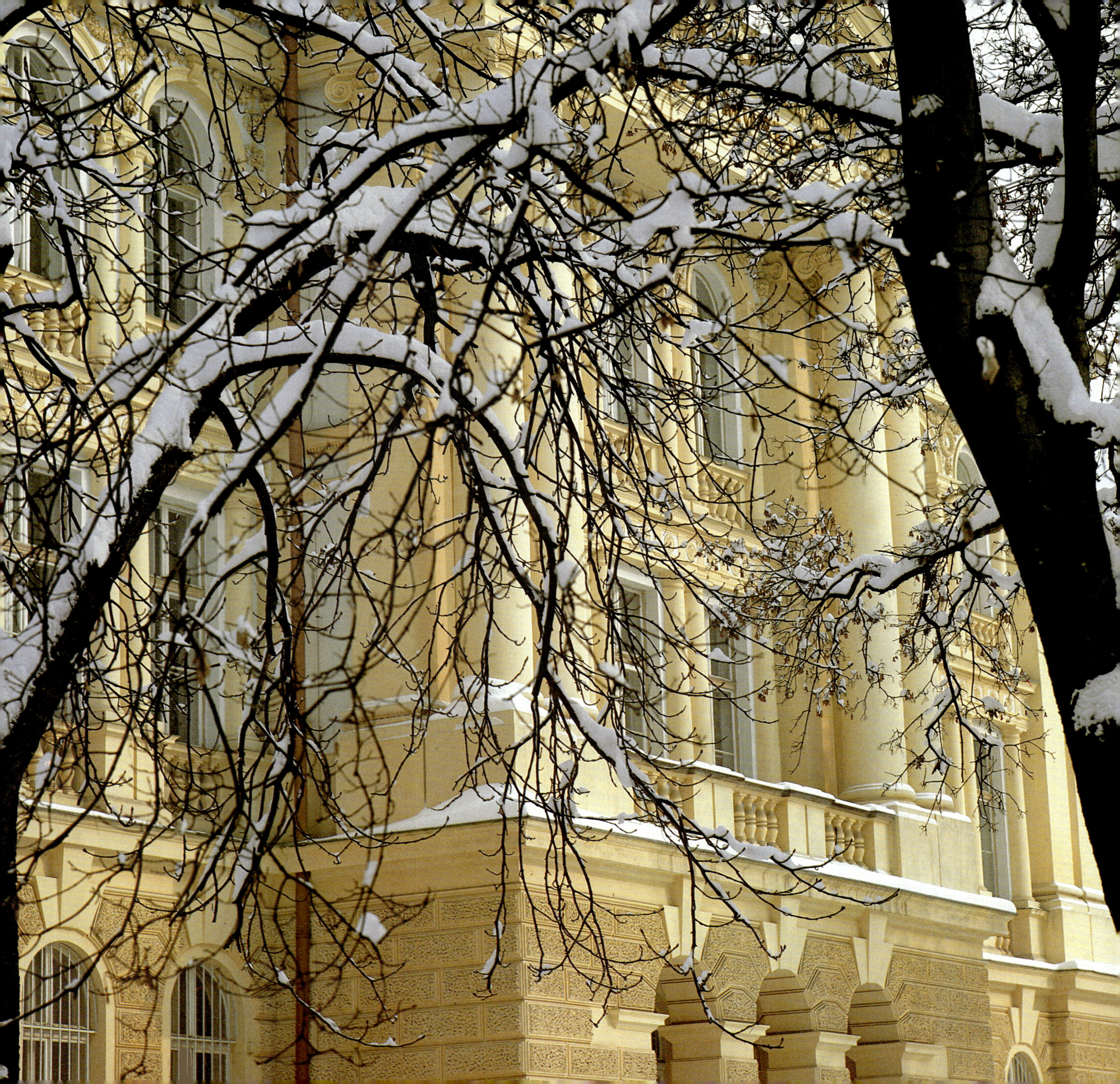

S. 104 Das Landesmuseum für Kärnten wurde um 1880 erbaut.

S. 105 Die schönsten Fundstücke aus Kärntens keltisch-römischer Vergangenheit findet man neben vielen anderen Exponaten im Kärntner Landesmuseum.

p. 104 The *Landesmuseum für Kärnten* was built in the eigtheen eighties.

p. 105 The most beautiful excavation finds of Carinthia's Celtic and Roman past are preserved in the *Landesmuseum für Kärnten*.

p. 104 Le *Landesmuseum für Kärnten* a été construit autour de 1880.

p. 105 Le *Landesmuseum* possède les plus beaux témoignages du passé celtique-romain de la Carinthie.

p. 104 Il *Landesmuseum für Kärnten* venne costruito negli anni ottanta dell'800.

p. 105 Nel *Landesmuseum für Kärnten* ci sono conservate fra l'altro le scoperte più belle del periodo celtico-romano della Carinzia.

S. 106 Der Christkindlmarkt auf dem Neuen Platz blickt auf eine lange Tradition zurück.

S. 107 Die Sternsinger ziehen immer noch von Haus zu Haus.

p. 106 The Christmas Market on *Neuer Platz* is looking back at an old tradition.

p. 107 The old custom of carol singing is still alive.

p. 106 La Foire de Noël sur la *Neue Platz* a une tradition très ancienne.

p. 107 La vieille tradition des Rois Mages est encore très vivante.

p. 106 La Fiera di Natale in *Neuer Platz* ha una lunga tradizione.

p. 107 La vecchia tradizione dei Re Magi è ancora viva.

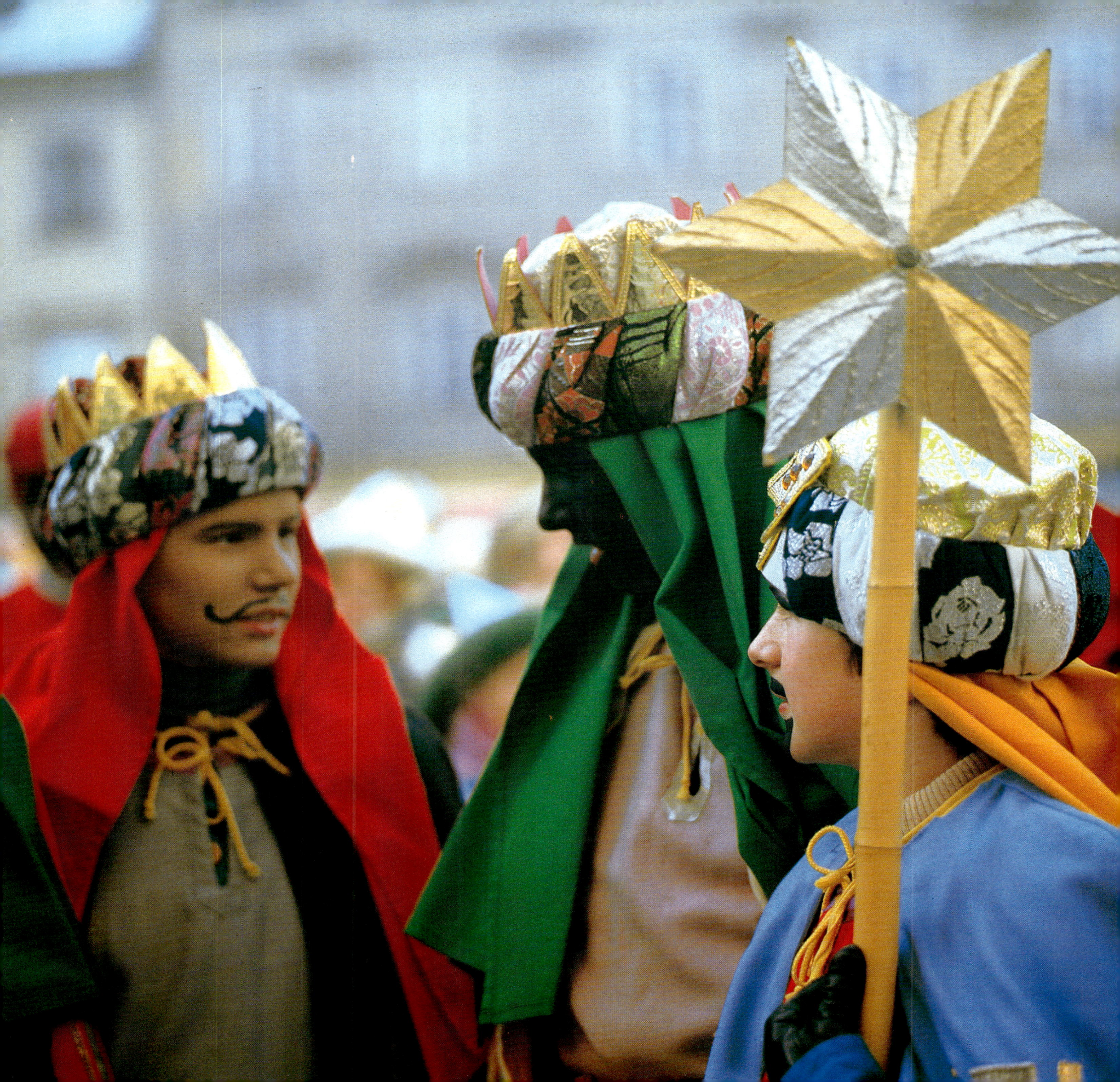

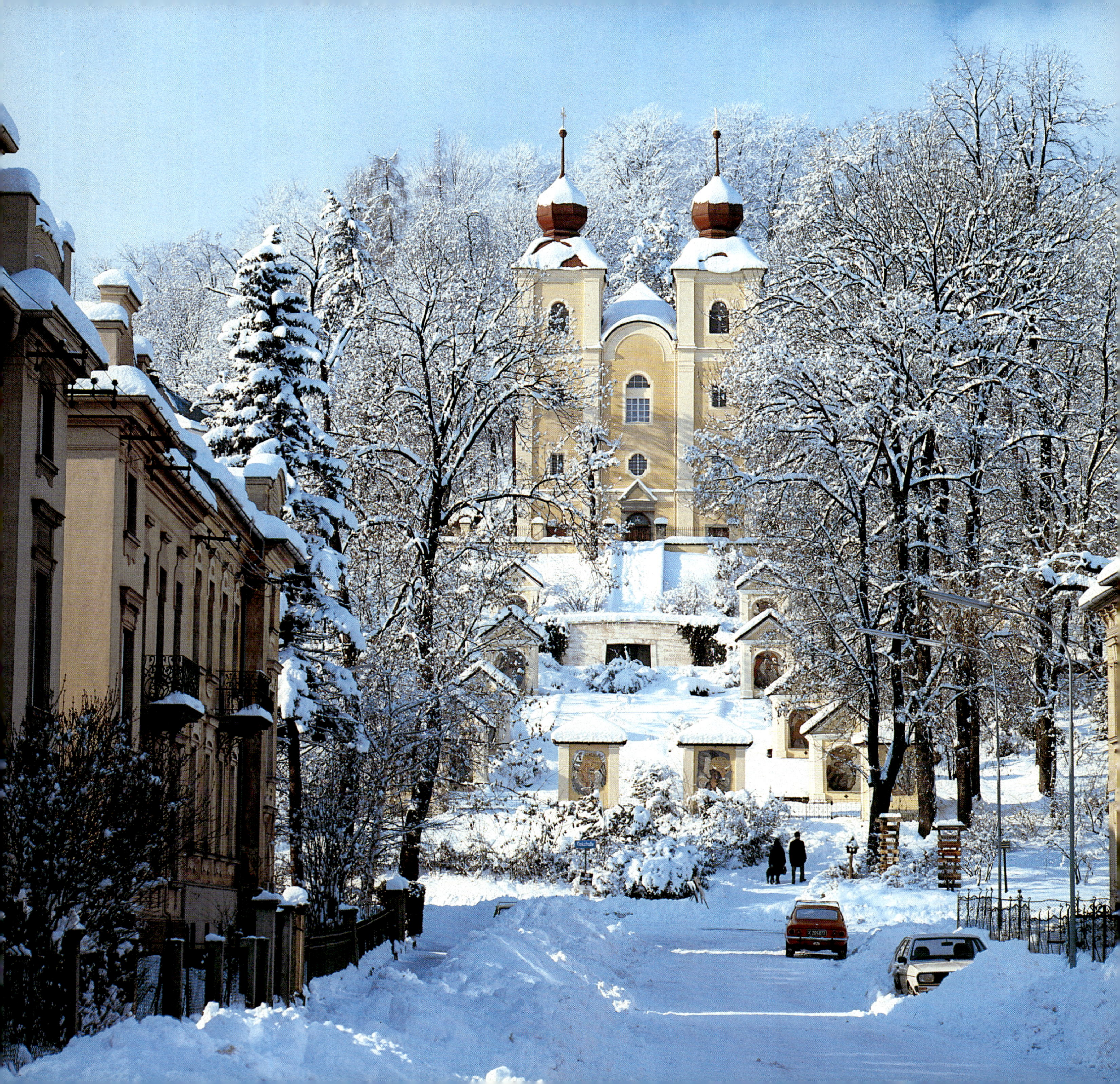

S. 108 Die Kreuzberglkirche ist bei Hochzeiten besonders beliebt.
S. 109 Auch im Winter hat der Wörthersee viel zu bieten.
S. 110 Vom Turm der Stadthauptpfarrkirche St. Egid aus genießt man einen herrlichen Blick über die Stadt und ihre Umgebung.

p. 108 Weddings in the *Kreuzberglkirche* are very popular.
p. 109 In winter too the Wörthersee offers many possibilities of recreation.
p. 110 The church tower of the parish church offers a beautiful view over the town and its surroundings.

p. 108 Dans la *Kreuzberglkirche* on célèbre souvent des mariages.
p. 109 En hiver aussi, le Wörthersee est un lieu de rencontre.
p. 110 Le clocher de l'église paroissiale offre une belle vue sur la ville et ses environs.

p. 108 La *Kreuzberglkirche* è una chiesa preferita per matrimoni.
p. 109 Anche d'inverno il Wörthersee offre moltissime possibilità di svago.
p. 110 Dal campanile della chiesa parrocchiale si gode un bellissimo panorama della città e dei dintorni.

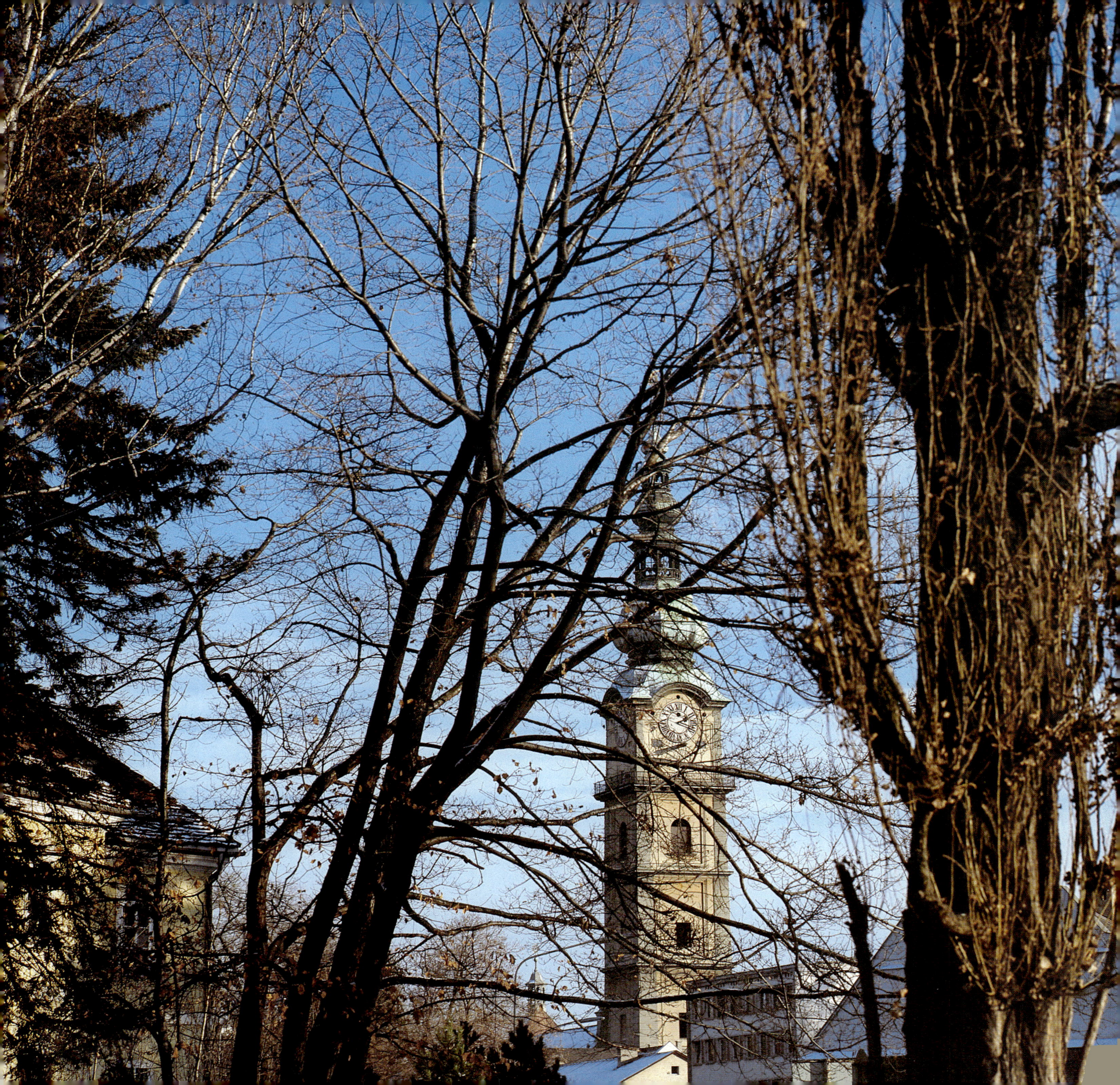

Zeittafel

ab 30.000 v. Chr.	Altsteinzeit – mittlere Steinzeit – Jungsteinzeit. Funde in der Tropfsteinhöhle des Burgberges in Griffen.
um 2000 v. Chr.	Auf dem Kanzianiberg bei Villach und dem Strappelkogel im Lavanttal sind größere Siedlungen nachweisbar.
1900–1500 v. Chr.	Die Pfahlbauten am Keutschacher See sind in die frühe Bronzezeit einzuordnen.
750–250 v. Chr.	Hallstattkultur. Aus dieser Zeit stammt das große Gräberfeld bei Frög (Rosegg) mit den berühmten Bleifiguren als Grabbeigaben.
ab 250 v. Chr.	Keltische Stämme dringen in Kärnten ein. Latènekultur.
um 200 v. Chr.	Keltisches Königreich Noricum mit Hauptstadt auf dem Magdalensberg.
15 v. Chr.	Die Römer okkupieren das norische Königreich.
45 n. Chr.	Kaiser Claudius macht Noricum zur römischen Provinz und verlegt um 60 n. Chr. den Sitz des Statthalters in die Stadt Virunum auf dem Zollfeld.
4. Jh.	In Noricum setzt sich das Christentum durch, Virunum und Teurnia (St. Peter in Holz) werden Bischofssitze des Patriarchats Aquileia.
408/409	Einfall der Goten unter König Alarich.
ab 591	Teurnia und Virunum letztmals genannt. Slawische Stämme lassen sich in Kärnten nieder und errichten ein Fürstentum. Ende der ersten Christianisierung.
um 700	Die Bewohner des Fürstentums in „Ravennatischer Kosmographie" erstmals „Carantani" genannt.
ab 741	Der Slawenfürst Boruth ruft Baiern gegen die Awaren zu Hilfe. Beginn der bairischen Oberherrschaft.
um 757	Der Salzburger Erzbischof Virgil entsendet den Chorbischof Modestus zur Missionierung der Slawen nach Kärnten. Maria Saal wird Zentrum der Mission. In Teurnia entsteht eine St.-Peters-Kirche.
772	Der Baiernherzog Tassilo III. schlägt einen Aufstand der karantanischen Slawen nieder und setzt einen neuen Fürsten ein.
788	Absetzung Tassilos III. durch Karl den Großen. Kärnten – von Paulus Diakonus um 800 als „Carantanum" bezeichnet – kommt unter fränkische Oberhoheit.
799	In Maria Saal wird ein Chorbistum begründet.
811	Karl der Große bestimmt die Drau als Grenze zwischen dem Erzbistum Salzburg und dem Patriarchat Aquileia.
856	König Ludwig der Deutsche überträgt Baiern und Karantanien seinem Sohn Karlmann.
um 870	Entstehung der „Conversio Bagoariorum et Carantanorum", die Bekehrungsgeschichte der Baiern und Karantanen.
876	König Karlmann überträgt die Verwaltung Karantaniens seinem natürlichen Sohn Arnulf.
878	Das heutige Villach als Brückenort „pons Uillah" erstmals genannt.

888	König Arnulf von Kärnten – 896 Kaiser – feiert das Weihnachtsfest in der karolingischen Pfalz Karnburg.
976	Kaiser Otto II. trennt Karantanien von Baiern; Kärnten wird unter den heutigen österreichischen Ländern das erste Reichsherzogtum.
nach 995	Kärnten wird „Amtsherzogtum". Bildung der Amtsgrafschaften Lurn in Oberkärnten, Friesach in Mittel- und Jaun in Unterkärnten.
996	Bruno, Sohn des Herzogs Otto von Wormsgau (Herzog von Kärnten), besteigt als Gregor V. als erster deutscher Papst den Stuhl Petri.
nach 1000	Gründung des Benediktinerinnenstifts St. Georgen am Längsee.
1007	Besitzschenkung an das von Kaiser Heinrich II. neu gegründete Bistum Bamberg.
1028	Erste urkundliche Erwähnung des Benediktinerstifts Ossiach.
1043	Am 15. August wird das Benediktinerinnenstift Gurk seiner Bestimmung übergeben.
1060	Kaiser Heinrich IV. stattet das bambergische Villach mit Markt-, Münz- und Zollrecht aus.
nach 1070	Gründung des Benediktinerstifts Millstatt.
1072	Salzburg gründet das Suffraganbistum Gurk.
1091	Dem neugegründeten Benediktinerstift St. Paul im Lavanttal schenkt Engelbert I. von Spanheim Güter in Kärnten, in der Untersteiermark und in Friaul.
1106	Gründung der Benediktinerabtei Arnoldstein.
1122	Die rheinfränkischen Spanheimer werden Herzöge von Kärnten mit St. Veit an der Glan als Residenz.
1123	Bischof Hiltebold führt für den Gurker Klerus das gemeinsame Leben nach der Regel des hl. Augustinus ein (Augustiner-Chorherren- und Domherrenstift Gurk).
1140	Beginn des Baues des Gurker Doms. Vollendet um 1220.
1142	Gründung des Zisterzienserstifts Viktring.
um 1150	Die ersten Chorherren beziehen das Augustiner-Chorherrenstift Eberndorf, das vom Patriarchen Peregrin I. mit weiteren Gütern ausgestattet wird.
zwischen 1193 und 1199	Klagenfurt, ein Marktflecken zwischen dem Glanfluß und Obergoritschitzen am Spitalberg, erstmals erwähnt. Unter Herzog Bernhard von Spanheim (1202–1256) wird die Siedlung in den Bereich der heutigen Altstadt verlegt.
1203	Der Deutsche Ritterorden kommt nach Friesach.
1215	Friesach wird urkundlich erstmals als Stadt erwähnt.
1217 oder 1219	Gründung des ersten Dominikanerklosters auf deutschem Boden in Friesach.
1228	St. Andrä im Lavanttal wird Sitz des von Salzburg errichteten Bistums Lavant.
1236	Bischof Ekbert von Bamberg gründet das Prämonstratenserstift Griffen.
1240	Das bambergische Villach wird als „civitas" (Stadt) bezeichnet.
seit ca. 1250	Augustiner-Eremiten-Kloster in Völkermarkt.
1252	Am 16. August werden Burg und Stadt Klagenfurt urkundlich zum ersten Mal erwähnt Völkermarkt wird Stadt.

vor 1257	Gründung der Minoritenklöster Wolfsberg und Villach durch den Bamberger Bischof Heinrich von Plassenburg.
1269	König Přemysl Ottokar II. von Böhmen bemächtigt sich als Herzog von Österreich und der Steiermark der spanheimischen Länder Kärnten und Krain.
1278	In der Schlacht auf dem Marchfeld wird Ottokar II. von König Rudolf I. besiegt.
1286	König Rudolf von Habsburg belehnt seinen Schwager Meinhard von Görz-Tirol mit dem Herzogtum Kärnten. Als Herzog von Kärnten unterzieht sich Meinhard II. den Einsetzungsgebräuchen auf dem Zollfeld.
1287	Aus diesem Jahr ist das älteste Stadtsiegel von Klagenfurt überliefert. Es zeigt Torturm und Lindwurm und hat einen Durchmesser von 5,2 cm.
1312–1345	Abt Johann von Viktring, der bedeutendste Geschichtsschreiber des Spätmittelalters. Er verfaßte das „Liber certarum historiarum".
1321	Stiftung des Klarissenklosters in St. Veit an der Glan.
1335	König Ludwig der Bayer belehnt die habsburgischen Brüder Albrecht und Otto mit Kärnten. Kärnten ist von nun an eines der acht Länder im Verband der habsburgischen Hausmacht. Otto unterzieht sich den Einsetzungszeremonien auf dem Zollfeld.
1338	Kärntner Landeshandfeste. Stadtrechte von Klagenfurt und St. Veit urkundlich bestätigt.
1348	Erdbeben und Bergsturz des Dobratsch, Pest, Heuschreckenschwärme, Judenvertreibungen.
1379	Nach der habsburgischen Länderteilung gehört Kärnten mit der Steiermark und Krain zur Leopoldinischen (seit 1414 „innerösterreichischen") Linie des Herrscherhauses.
1414	Herzog Ernst der Eiserne unterzieht sich als letzter Landesherr persönlich den Einsetzungsgebräuchen auf dem Zollfeld.
1446	Im ältesten erhaltenen Kärntner Ständeverzeichnis werden als Landstände (Landschaft) 16 geistliche Stände, 2 Herren, 96 Ritter und Knechte und 3 Städte genannt.
1460	Friede von Pusarnitz; Kaiser Friedrich III. übernimmt den Kärntner Besitz der Grafen von Görz und jener von Cilli.
1469	Das Stift Millstatt wird Sitz des St.-Georg-Ritterordens.
1473–1483	Türkeneinfälle in Kärnten. Errichtung von Wehranlagen (Wehrkirchen).
1480–1490	Truppen des Ungarnkönigs Matthias Corvinus besetzen die salzburgischen Besitzungen in Kärnten.
1490	Jakob Unrest, Pfarrer von St. Martin am Techelsberg, veröffentlicht eine „Kärntner Chronik".
1514	Eine Brandkatastrophe zerstört Klagenfurt.
1518	Kaiser Maximilian I. schenkt Klagenfurt den Landständen, die es neu aufbauen und zur Landeshauptstadt erklären.
1525	Eindringen der Lehre Martin Luthers.

1527	Mit dem Bau des Lendkanals, der Klagenfurt mit dem Wörthersee verbindet, wird begonnen.
1533	Gabriel von Salamanca beginnt mit dem Bau des Schlosses Porcia in Spittal an der Drau.
1534	Mit der Verstärkung der Befestigungsanlagen von Klagenfurt wird begonnen (Domenico dell'Allio).
1535	Der Kärntner Besitz des Erzbistums Salzburg wird der landesfürstlichen Hoheit unterstellt.
1538	Der Arzt und Gelehrte Theophrastus Paracelsus von Hohenheim verfaßt eine „Kärntner Chronik".
1552	Vom 26. Mai bis zum 13. Juli hält sich Kaiser Karl V. in Villach auf. In seinem Gewahrsam befindet sich Herzog Johann Friedrich von Sachsen.
1560	Klagenfurt wird protestantisch.
1563	Klagenfurt bekommt eine höhere Schule.
1571–1586	Durch Ausbau erhält die Burg Hochosterwitz ihre heutige Gestalt.
ab 1574	Bau des Klagenfurter Landhauses, der Landschaftsschule und der evangelischen Landschaftskirche (heute Dom- und Stadtpfarrkirche Hll. Petrus und Paulus).
1579–1592	M. G. Christalnick verfaßt die Geschichte Kärntens.
1588	Klagenfurt erhält in Christoph Windisch seinen ersten Bürgermeister. Der Bischof gesteht Villachs Bürgern am 12. November die Wahl eines Bürgermeisters zu.
1593	Grundsteinlegung zum Franziskanerkloster Maria Luggau; am 30. Juli 1635 wird es den Serviten übergeben.
ab 1600	Beginn der Landesfürstlichen Gegenreformation. Reformationskommission unter Bischof Martin Brenner von Seckau. Einzug der Jesuiten in Klagenfurt (1604). Im Zuge der Gegenreformation werden die protestantische Kirche und die Lehranstalt von den Jesuiten übernommen. Dem Jesuitenkollegium wird ein Gymnasium angeschlossen, das allmählich den Status einer Hochschule erhält.
1612	Hieronymus Megiser veröffentlicht die von M. G. Christalnick verfaßte Kärntner Geschichte („Annales Carinthiae").
1613	Am Benediktinerplatz in Klagenfurt wird mit dem Bau eines Franziskanerklosters begonnen.
1629	Grundsteinlegung zur Klosterkirche des Kapuzinerklosters Villach.
1634	Feierliche Grundsteinlegung zu Kirche und Kapuzinerkloster Wolfsberg.
ab 1640	Franziskanerkloster St. Veit an der Glan.
1646	Grundsteinlegung zu Kirche und Kapuzinerkloster an der sogenannten Eselsmühle in Klagenfurt.
1660	Feierliche Erbhuldigung der Stände vor Kaiser Leopold I. in Klagenfurt.

1665	Dominikanerinnenkloster St. Andrä im Lavanttal fertiggestellt.
1670	Die Ursulinen nehmen in der Kärntner Landeshauptstadt ihre Tätigkeit auf.
1674	Der bambergische Besitz wird der landesfürstlichen Hoheit unterworfen.
1679	Villach wird von einer Brandkatastrophe heimgesucht.
1687	Die größte Glocke Kärntens wird für den Maria Saaler Dom gegossen.
1690	Schweres Erdbeben u. a. in Klagenfurt, Villach, Völkermarkt und Gmünd.
1693–1760	Joseph Ferdinand Fromiller, bedeutendster Barockmaler Kärntens.
nach 1700	Hieronymitenkloster Ortenburg gegründet.
1710	Die Elisabethinen beziehen in der Völkermarkter Vorstadt in Klagenfurt Quartier.
1713	Feierliche Installation der Serviten in Kötschach.
1715	Letztes epidemisches Auftreten der Pest.
1728	Im Wappensaal des Landhauses von Klagenfurt nimmt Kaiser Karl VI. die Erbhuldigung entgegen.
1748	Theresianische Verwaltungsreform.
1755	Die Karmeliten beziehen das Kloster in Zedlitzdorf.
1759	Bamberg verkauft seine Kärntner Besitzungen um eine Million Gulden an Österreich, auch Villach wird österreichisch.
1761	Gründung des ersten bedeutsamen Industriebetriebs in Klagenfurt durch Johann Michael Freiherrn von Herbert. Es handelt sich um eine Bleiweißfabrik; sie war die erste in Österreich.
1765	Maria Theresia und Franz von Lothringen in Klagenfurt.
1773	Aufhebung des Jesuitenordens unter Papst Clemens XIV. 1814 unter Papst Pius VII. wiedereingesetzt.
1775	In Klagenfurt die erste Normalhauptschule.
1781	Toleranzpatent Kaiser Josephs II. und Aufhebung der Leibeigenschaft. Marianne, die älteste Tochter Maria Theresias, verlegt ihren Wohnsitz nach Klagenfurt.
1782	Kärnten wird der Verwaltung in Graz unterstellt.
1783	Beginn der Klosteraufhebungen.
1787	Klagenfurt wird Bischofsstadt.
1790	Unter Leopold II. erhält Kärnten wieder seine eigene Landeshauptmannschaft.
1797	Französische Truppen unter General Napoleon Bonaparte in Kärnten.
1800	Erstbesteigung des Großglockners durch eine Expedition unter Leitung von Graf Salm-Reifferscheidt, Fürstbischof von Gurk.
1805	Neuerlicher Einfall französischer Truppen unter Masséna.
1809	Besetzung durch französische Truppen. Abtrennung des Villacher Kreises an Frankreich (Illyrische Provinzen). Klagenfurter Kreis dem Gubernium in Graz unterstellt. Sprengung der Klagenfurter Befestigungsanlagen durch die Franzosen.

1813	Die Franzosen räumen Kärnten. Villach kommt zurück an Österreich und wird mit dem Oberkärntner Raum dem Gubernium Laibach unterstellt. Das restliche Kärnten untersteht weiterhin dem Gubernium Graz.
1816	Fürstbischof Salm wird über Verwendung Kaiser Franz I. von Pius VII. zum Kardinal erhoben.
1824–1871	Markus Pernhart.
1848/1849	Kärnten wird selbständiges Kronland. Erster freigewählter Landtag.
1849	Grundentlastung der Bauern.
1850	Klagenfurt wird autonome Stadt.
1856	Kaiser Franz Joseph I. und Kaiserin Elisabeth bereisen Kärnten. Erste Konzession für einen Eisenbahnbau in Kärnten.
1858	Dominikanerinnen aus Lienz pachten das leerstehende Dominikanerkloster in Friesach.
1859	Marburg wird Sitz des Bistums Lavant, dessen Kärntner Gebiete an das Bistum Gurk gehen. Jesuiten ziehen in St. Andrä i. L. ein. 1940 von der Gestapo vertrieben, 1945 Rückkehr.
1861	Der nach dem Kurienwahlrecht gewählte Kärntner Landtag tritt erstmals zusammen.
1864	Gründung der Freiwilligen Feuerwehr von Klagenfurt.
1877	Fertigstellung des Ordensspitals der Barmherzigen Brüder in St. Veit a. d. Glan.
1878–1943	Suitbert Lobisser.
1880	Feierliche Weihe des Ordenshauses und des Spitals der Deutschordensschwestern in Friesach. Die Kongregation der Töchter der göttlichen Liebe übernimmt ehemaliges Dominikanerinnenkloster in St. Andrä im Lavanttal.
1880–1942	Robert Musil.
1886	Fürstbischof Funder (1881–1886) tritt an die Nordtiroler Franziskanerprovinz mit dem Ersuchen heran, diese möge die verwaiste Villacher Pfarre St. Nikolai übernehmen.
1887–1910	Dr. Josef Kahn Fürstbischof von Gurk.
1887–1970	Prof. Arnold Clementschitsch.
1890	Die Kongregation der Schwestern vom Guten Hirten übernimmt Schloß Harbach.
1890–1959	Josef Friedrich Perkonig.
1891	In Klagenfurt Inbetriebnahme der Pferdebahn.
1896	Die Olivetaner planen die Gründung einer Abtei auf Schloß Tanzenberg, die sich 1900 bereits aus 3 Patres und 7 Klerikern zusammensetzt.
1902	Klagenfurt bekommt in Annabichl seinen Zentralfriedhof.
1909	Nach Fertigstellung der Karawanken- (1906) und der Tauernbahn (1909) wird Villach der entscheidende Eisenbahnknotenpunkt Kärntens.

1907	Fürstbischof Kahn nimmt die Weihe des Sanatoriums der Kreuzschwestern, Maria Hilf, in Klagenfurt vor. Erste Wahlen nach dem allgemeinen Wahlrecht. Zehn Kärntner Abgeordnete kommen in den Reichsrat.
1908	Grundsteinlegung zum Bau des neuen Stadttheaters Klagenfurt. Fertigstellung 1910.
1914	Beginn des Ersten Weltkrieges.
1915	Nach Kriegserklärung der Italiener wird in den Julischen und den Karnischen Alpen eine Abwehrfront errichtet. Am 4. Juli wird die Lyrikerin Christine Lavant (Habernig) geboren († 1973).
1916	Tod Kaiser Franz Josephs I.
1917	Kaiser Karl I. und Kaiserin Zita in Klagenfurt.
1918	3. November: Waffenstillstand, Ende der österreichisch-ungarischen Monarchie. 11. November: Die Kärntner Landesregierung beschließt den Beitritt Kärntens (als eines der ersten Bundesländer) zum neuen Staat „Deutsch-Österreich". 5. Dezember: Die Kärntner Landesregierung beschließt bewaffneten Widerstand gegen eindringende südslawische Truppen. Beginn des Kärntner Abwehrkampfes. Das vereinigte serbische Königreich beansprucht Südkärnten, Villach, Klagenfurt und das Zollfeld.
1919	14. Jänner: Waffenstillstand nach Rückeroberung des Großteils der besetzten Gebiete. 28. Jänner bis 6. Feber: Die amerikanische Miles-Kommission bereist Südkärnten. Anerkennung der Karawankengrenze. 29. April bis 7. Mai: Jugoslawischer Angriff an der Drau, Gegenangriff der Kärntner Verbände. Herstellung der alten Grenze. Mai/Juni: Der Oberste Rat der Friedenskonferenz ordnet Volksabstimmung an. Neuer jugoslawischer Großangriff. Zusammenbruch der Abwehrfront. 6. Juni: Südslawen besetzen Klagenfurt. Die Kärntner Landesregierung wird nach Spittal an der Drau verlegt. 6. September: Unterzeichnung des Friedensvertrages von Saint-Germain-en-Laye zwischen Österreich und den Alliierten. Kärnten verliert das Kanaltal mit Tarvis an Italien, die Gemeinde Seeland und das Mießtal mit Unterdrauburg an das Serbisch-kroatisch-slowenische Königreich (Jugoslawien). Bezeichnung „Republik Österreich" statt „Deutsch-Österreich" wird vorgeschrieben.
1920	10. Oktober: Die Volksabstimmung in der jugoslawisch besetzten Zone A Südkärntens ergibt eine Stimmenmehrheit von fast 60% für Österreich. Daher keine Abstimmung in Zone B. 22. November: Das Abstimmungsgebiet kommt wieder unter österreichische Verwaltung: Kärnten bleibt somit ungeteilt.
1921	Erste Nationalratswahlen in Österreich.
1923	Volkszählung registriert Rückgang der slowenischen Bevölkerung.
1925	Eröffnung der ersten Fluglinie von Klagenfurt nach Wien.

1926	Die Lyrikerin und Erzählerin Ingeborg Bachmann in Klagenfurt geboren († 1973).
1927	Eröffnung der Fluglinie Klagenfurt–Salzburg.
1930	Die Märkte Feldkirchen, Ferlach, Hermagor und Spittal an der Drau werden zu Städten, und die Orte Klein St. Paul, Kötschach, St. Margarethen im Lavanttal, Maria Saal, Radenthein, Rosegg, St. Salvator, Steinfeld und Winklern zu Märkten erhoben.
1932	Villach wird autonome Stadt.
1933	Durch die sogenannte „Tausend-Mark-Sperre" des Deutschen Reiches gegen Österreich sinkt die Zahl der deutschen Urlauber von jährlich fast 50.000 auf kaum 3000.
1934	In Teilen Kärntens schwere Kämpfe durch Putschversuch der Nationalsozialisten.
1935	3. August: Eröffnung der Großglockner-Hochalpenstraße.
1938	Nach Sturz der Regierung Schuschnigg und Besetzung Österreichs durch deutsche Truppen wird das mit Osttirol vereinigte Kärnten ein Gau des Großdeutschen Reiches.
1939	Beginn des Zweiten Weltkrieges.
1941	Das Mießtal und Oberkrain kommen vorübergehend an Kärnten.
1944	Schwere Bombenangriffe auf Klagenfurt und Villach.
1945	Weitere Bombardierung Klagenfurts und Villachs. 27. April: Wiederherstellung der demokratischen Republik Österreich. 8. Mai: Truppen der 8. britischen Armee besetzen das Land. Bis Klagenfurt vorgestoßene jugoslawische Partisanenverbände müssen auf Druck der Briten Kärnten wieder räumen. Am 7. Juni ernennt die britische Militärregierung einen Kärntner Landesausschuß. Bildung einer provisorischen Landesregierung unter Hans Piesch.
1949	Die Außenministerkonferenz in Paris lehnt die Gebietsforderungen Jugoslawiens ab und erkennt die Karawankengrenze an. Das Fernheizwerk Klagenfurt, das erste in Österreich, nimmt seinen Betrieb auf.
1955	Der österreichische Staatsvertrag sichert Kärntens Südgrenze und legt in Art. 7 die Minderheitenrechte fest.
1958	Neues Minderheitenschulgesetz und Amtssprachenregelung.
1961	Klagenfurt erhält als erste Stadt Österreichs eine Fußgängerzone.
1965	Beginn des Baues der Südautobahn in Kärnten.
1966 und 1967	Hochwasserkatastrophen.
1969	Das 1968 gegründete „Musikforum Ossiacher See" wird als „Carinthischer Sommer" weitergeführt.
1970	Mit 7. Feber tritt das Bundesgesetz über die Gründung der Hochschule für Bildungswissenschaften in Klagenfurt in Kraft.
1971	Eröffnung des Kongreßhauses in Villach.
1972	Sogenannter „Ortstafelstreit". Als Landeshauptmann Hans Sima auf Verlangen der Slowenenverbände in 205 Orten zweisprachige Ortstafeln aufstellen ließ, wurden diese über Nacht abmontiert.

1975	Umbenennung der Klagenfurter Hochschule in Universität für Bildungswissenschaften. Eröffnung der Scheitelstrecke der Tauernautobahn von Eben (Pongau) bis Rennweg.
1976	Kärnten feiert sein 1000-Jahr-Jubiläum. Schweres Erdbeben mit Epizentrum in Friaul richtet auch in Kärnten Schäden an.
1977	Der österreichische Nationalrat beschließt Volksgruppengesetz.
1978	Inbetriebnahme der Kraftwerksgruppe Malta.
1980	Fertigstellung der Tauernautobahn bis Spittal an der Drau.
1981	Errichtung des ersten österreichischen Nationalparks im Gebiet der Hohen Tauern.
1982	Ableben von Bischof DDr. Joseph Köstner, der seit 1945 die Geschicke der Gurker Diözese gelenkt hat. Die Konsekration und Inthronisation des neuen Bischofs Dr. Egon Kapellari erfolgen am 24. Jänner im Dom von Klagenfurt.
1985	Spatenstich zur 3. Draubrücke in Villach.
1986	Am 26. April werden bei einem Reaktorunfall in der Sowjetunion (Tschernobyl) große Mengen radioaktiver Substanzen frei, die auch Kärnten verseuchen.
1987	Am 6. Oktober Schußattentat auf den amtierenden Landeshauptmann Leopold Wagner, der dabei schwer verletzt wird.
1988	Papst Johannes Paul II. besucht anläßlich einer Pastoralreise durch Österreich am 25. Juni Kärnten und feiert im Rahmen einer Dreiländerwallfahrt nach Gurk auf dem dortigen Hammerfeld mit 60.000 Personen aus Kärnten, der Steiermark, Friaul und Slowenien einen Festgottesdienst.
1990	Mit Landesgesetz für Kärnten vom 20. Dezember wurde mit 1. Jänner 1991 eine große Anzahl von sogenannten Altgemeinden wieder errichtet. Es trennten sich von Feld am See–Afritz die Gemeinde Afritz, von Weitensfeld–Flattnitz die Gemeinden Deutsch-Griffen und Glödnitz, von Winklern die Gemeinde Mörtschach, von Hohenthurn die Gemeinde Feistritz a. d. Gail, von St. Paul i. Lav. die Gemeinde St. Georgen und von Bleiburg die Gemeinde Feistritz ob Bleiburg.
1991	Erstmals direkte Wahl des Bürgermeisters durch die Gemeindebürger. Die Entdeckung der fünften frühchristlichen Kirche auf dem Hemmaberg bestätigt die Vermutung, daß sich in Kärnten der größte mitteleuropäische Wallfahrtsort des 5. und 6. Jahrhunderts befand.

Inhalt

Einführung 7
Introduction 8
Préface 9
Introduzione 10
Kärnten 11
... und seine Landeshauptstadt
Klagenfurt 61
Zeittafel 111